Von Flachs und Leinen in alter Zeit

Von Flachs und Leinen in alter Zeit

Berichte und Bilder, Dokumente und Überlieferungen

gesammelt und herausgegeben

von

Marianne Fasse

güth

Herausgeber und Verlag danken dem Landschaftsverband Westfalen-Lippe
für die gewährte Unterstützung bei der Herstellung dieses Buches.

Meiner verständnisvollen Familie gewidmet

1.Auflage

Gesamtherstellung: Daake-Druck, 4840 Rheda-Wiedenbrück
Printed in Germany

ISBN 3-922828-40-X

Vorwort

Marianne Fasse hat in Lünen, mit Ausstrahlung weit über die Stadtgrenzen hinaus, die alten Traditionen rund um das Spinnen und die häusliche Textilverarbeitung wiederbelebt.

Dieses Buch, das Ergebnis langjährigen Wirkens, besonders in Volkshochschulkursen und in der von ihr gegründeten Spinnstube, macht den Schwerpunkt deutlich, der Marianne Fasses Herzensangelegenheit ist.

Im Mittelpunkt stehen für sie nicht allein die Technik, sondern das Gespräch, die mitmenschlichen Kontakte. Spinnrad und Haspel wurden durch andere Techniken abgelöst, gleichzeitig verschwanden aber auch die häuslichen Spinnstuben, wo sich Menschen trafen, sprachen, mitfühlten und halfen. Dieses wiederzuentdecken, gleichzeitig handwerklich tätig sein, Geschichten und Brauchtum kennenlernen und pflegen, das gehört für die Autorin selbstverständlich zusammen.

Sie arbeitet gegen die Vereinzelung und Vereinsamung der Menschen, und das Echo ist über die Maßen positiv. Dabei sind die Gerätschaften wichtige Hilfsmittel, keine musealen Sammlerstücke, sondern sie ermöglichen eine lebendige Verbindung zwischen Vergangenheit und Gegenwart.

Möge dieses Buch diese Gedanken weitertragen und mitwirken, das Gute aus der "Guten alten Zeit" zu bewahren.

Annette Borns

Leiterin der VHS Lünen

Einleitung

Dieses Buch will kein Lehrbuch sein und keineswegs in erster Linie erschöpfende Kenntnisse im Spinnen und Weben vermitteln, auch erhebt es keinen Anspruch auf Vollständigkeit, sondern will vielmehr Vergessenes, Vergangenes, Entschwundenes liebevoll ans Licht bringen, behutsam die Augen öffnen für Wissenswertes und Wertvolles über den Alltag der sogenannten guten, alten Zeit.

Indem wir in zahlreichen Beiträgen über Flachs und Leinen zu Großmutters Zeiten in Poesie und Prosa die Vergangenheit durchstreifen, eine Zeit, in der Ruhe und Feiertag in ihrer vollen Bedeutung zum Lebensrhythmus gehörten, werden uns jene längst entschwundenen Jahre vertraut und liebenswert. Sie bereiten uns immer wieder neue Freuden, bewegen Herz und Gemüt, machen uns nachdenklich und zufrieden. Sie erwecken in uns jene Ehrfurcht, zu der wir allen bewunderswerten Leistungen der Vorfahren, besonders aber den Frauen gegenüber verpflichtet sind.

Mein Dank gilt allen Helfern: den Eigentümern der alten Kostbarkeiten, die es dem Bildjournalisten Günter Goldstein, Lünen, ermöglichten, die Fotosammlung zu erstellen. Meinem Vetter Ferdinand Fasse, Rektor i.R. in Neubeckum, danke ich ganz besonders für die wertvolle Hilfe beim Korrigieren.

Möge dieses "GESAMMELTE" ein wenig Heimatgefühl geben und bei allen, die altes Handwerk schätzen und lieben, ein "ZUHAUSE" finden.

Marianne Fasse

Lünen, den 12. Juli 1989

I.

Es blüh und wachs' am Kamp der Flachs

Von der guten alten Zeit

Das schönste Märchen, das der menschliche Geist sich einfallen ließ, ist das Märchen von der guten alten Zeit. Jeder Mensch erzählt es anders und legt seine Vorstellung von einer besseren Zeit hinein. Darum spiegelt sich in ihm die menschliche Sehnsucht nach Vollkommenheit wider, und es enthält wie jedes Märchen eine tiefe Wahrheit. [1]

Wenn ich bin jung
und schön,
trag ich eine blaue
Kron';
Wenn ich bin alt und
steif,
schlagen sie mich auf
den Leib.
Wenn ich bin genug
geschlagen,
werd' ich von
Reichen und Armen
getragen. [Rätsel 2]

Abb. 1) Jugendstilfenster mit Flachsblüten im Treppenaufgang eines Hauses in Lünen

Abb. 2) Blühender Flachs.

Der Flachs (Ein Märchen)

(Andersen)

Der Flachs stand in Blüte; er hatte gar hübsche, blaue Blumen, zart wie die Flügel einer Mücke und noch feiner! Die Sonne schien auf den Flachs, und die Regenwolken begossen ihn; und das war ebenso gut für ihn, wie es für kleine Kinder gut ist, gebadet zu werden und darauf einen Kuß von der Mutter zu bekommen; sie werden ja dann viel schöner, und das wurde der Flachs auch.

"Die Leute sagen, daß ich ausgezeichnet gut stehe", sagte der Flachs, und daß ich sehr schön lang sei, es werde ein tüchtiges Stück Leinwand aus mir werden. "Nein, wie glücklich bin ich doch! Ich bin bestimmt der Allerglücklichste von allen. Ich habe es so gut! Und aus mir wird etwas werden. Wie der Sonnenschein belebt und Regen gut schmeckt und erfrischt! Ich bin grenzenlos glücklich, ich bin der Allerglücklichste!"

"Ja, ja, ja!" sagten die Zaunpfähle. "Du kennst die Welt nicht, wir aber kennen sie, denn in uns stecken Knorren", und dann knarrte es jämmerlich:
"Schnipp-Schnapp-Schnurre, Basselurre. Aus ist das Lied!"

"Nein! Es ist nicht aus!" sagte der Flachs. "Morgen scheint die Sonne, oder der Regen tut wohl. Ich fühle, wie ich wachse; ich fühle, daß ich in Blüte stehe! Ich bin der Allerglücklichste!"

Aber eines Tages kamen die Leute, die nahmen den Flachs beim Schopf und zogen ihn mit der Wurzel aus; das tat weh. Er wurde ins Wasser gelegt, als ob er ertränkt werden sollte, und dann kam er über das Feuer, als wollte man ihn braten - es war entsetzlich! "Man kann es nicht immer gut haben!" sagte der Flachs. "Man muß etwas durchmachen, dann weiß man etwas!" Aber es kam wirklich schlimm. Der Flachs wurde geknickt und gebrakt, geschwungen und gehechelt - ja, was wußte er, wie das alles hieß. Er kam auf das Spinnrad: schnurr, schnurr! Da war es nicht möglich, die Gedanken beisammenzuhalten. - "Ich bin außerordentlich glücklich gewesen!" dachte er bei all seiner Pein, "man muß zufrieden sein mit dem Guten, das man genossen hat! - Zufrieden! Zufrieden! O!" Und das sagte er noch, als er auf den Webstuhl kam; - und so wurde er zu einem schönen, großen Stück Leinwand. All' der Flachs, bis auf den letzten Stengel, ging zu dem einen Stücke auf.

"Aber das ist doch ausgezeichnet! Das hätte ich nie geglaubt! Nein, wie das Glück mir doch günstig ist! Ja, die Zaunpfähle wußten wirklich nicht übel Bescheid mit ihrem: "Schnipp-Schnapp-Schnurre, Basselurre."

Das Lied ist keineswegs aus! Nun fängt es erst recht an! Das ist wirklich vorzüglich! Habe ich auch etwas gelitten, so ist doch aus mir etwas geworden! Ich bin der Glücklichste von allen! Ich bin so stark und so fein, so weiß und lang!

Das ist etwas anderes, als eine Pflanze zu sein, wenn man auch Blüten trägt; man wird nicht gepflegt, und Wasser bekommt man nur, wenn es regnet.

Jetzt werde ich gewartet und gepflegt, die Magd wendet mich jeden Morgen um, und aus der Gießkanne bekomme ich jeden Abend ein Regenbad; ja, die Frau Pastorin hat selbst eine Rede über mich gehalten und gesagt, daß ich das beste Stück in dem ganzen Kirchspiel wäre.

"Ich kann nicht glücklicher werden!"

Nun kam die Leinwand ins Haus, nun kam sie unter die Schere. Wie man schnitt, wie man riß, wie man mit Nähnadeln stach. Denn das tat man! - Das war kein Vergnügen; aber aus der Leinwand wurden zwölf Stück Wäsche, von der Sorte, die man nicht gern nennt, die aber alle Menschen haben müssen: es wurden zwölf Stücke daraus."

"Nein, seht doch! Jetzt bin ich erst was Rechtes geworden! Also das war meine Bestimmung! Das ist ja ein wahrer Segen! Nun schaffe ich Nutzen in der Welt, und das soll man ja, das ist erst das wahre Vergnügen! Wir sind zwölf Stücke geworden, aber wir sind doch alle ein und dasselbe: wir sind gerade ein Dutzend! Was das für ein außerordentliches Glück ist!" [3]

"Es et op Lechtmiß hell und klor,
giet et en guet Flasjohr." [4]

Die Aussaat des Flachses

Abb. 3) Bei günstiger Witterung wird der Flachssamen Ende April, Anfang Mai ausgesät

Der Flachs genoß von jeher eine besondere Bewertung und aufmerksame Pflege. Viel Brauchtümliches und Sagenhaftes rankt sich um diese Pflanze.

Bei günstiger Witterung wird der Flachssamen Ende April, Anfang Mai ausgesät.

"Wenn der Wald wird hübsch und fein, sät man den Hanf und auch den Lein." (Flachs) [5]

Am Hellweg riet man, den Flachs schon frühmorgens zu säen, dann blühe er den ganzen Tag, den Samen besonders dicht auszustreuen, damit die Stengel lang und fein würden.

In rein evangelischen Gegenden galt der Stille Freitag als der höchste Feiertag des Jahres. In katholischen Dörfern, z.B. des benachbarten Kölnischen Sauerlandes, herrschte keine unbedingte Arbeitsruhe, auch nicht für Feldarbeiten. Für das Säen des Leinsamens galt der Stille Freitag (Karfreitag) als der beste Tag, während man sich anderswo an die Regel hielt, der Leinsamen müsse am 100. Tag des Jahres, am 10. April, gesät werden. [6]

"Kleine Samen flach bedecke,
große Samen tief verstecke." [5]

Weil der Flachssamen so klein und fein ist, müssen alle Erdklumpen zerkleinert werden, sonst wächst die Saat darunter krumm, und das darf nicht sein! Anschließend muß die Walze das Erdreich glätten, damit alles Saatgut schön fest und wohlverwahrt im Boden ruht.

Abb. 4) Disteln, Minze, Kamillen, Schachtelhalm, Milchdisteln, Hirtentäschel und Flachsseide - alle Kräuter, die den Wuchs der jungen Flachspflanze behinderten, mußten in mühsamer Arbeit gejätet werden. Gemälde von Emiel Claus

Das Jäten

Nach einigen Tagen geht der Flachssamen auf. Sonne und Regen, gute Witterung also, sorgen für gleichmäßiges Aufgehen. Wenn dann die zarten Pflanzen eine Höhe von etwa 10 cm erreicht haben, beginnt die mühsame Arbeit des Jätens, weil das Unkraut auch mitgewachsen ist.

In Flandern wurde gerade diese Arbeit des Flachsjätens von einem althergebrachten Brauch begleitet:

"Am Mittag, als die Glocke läutete, sprang die ganze Schar auf, jede nahm ihr eigenes Häufchen Unkraut in die Schürze und trug es in den Graben. Das junge Volk rannte in großen Sprüngen vom Feld und sang im Takt seiner Schritte:

"Door, Door, Door,
das ist ein feiner Kerl.
Die Mädchen sehn in gerne.
Sie lachen schon von ferne.
Er ist so fein und schnell." [7]

Die Flachspflanzen brauchen zu ihrer Entwicklung bis zur Reife etwa einhundert Tage. Am Gedeihen des Flachses mißt man das Glück, das Können, das Ansehen der Bauern.

Doch wehe, wie im Jahre 1554, nach Pfingsten, gegen Ende des Monats Mai geschehen. Der Chronist der Stadt Lünen berichtet:
"Acht Tage herrschte Rauhreif. Die Gewässer froren zu, und Flachs und Winterkorn erfroren." [8]

"Schlechter Flachs gibt kein gutes Garn."

Abb. 5) Das ist die Erinnerungsbirke, die am Hellweg zwischen Holtum und Hemmerde den Ort bezeichnet, wo der berühmte Birkenbaum stand, der den Mittelpunkt der Sagen und Mären von der Schlacht am Birkenbaum bildet

Das Blühen

Die fruchtbare Scholle des westfälischen Hellwegs, der an den nördlichen Abhängen der Haar, umsäumt von den Türmen der Städte Unna, Werl und Soest, weithin korntragend sich ausdehnt, sie ist die hochberühmte Stätte der Prophetie von der Birkenbäumer Schlacht.

"Weithin zwischen Lipp' und Ruhr,
Da wölbt sich meine Hochlandflur,
Da wogt das Korn, da blüht der Lein,
Viel Türm rings aus grünem Stein.
Da steht der Schäfer wie im Traum
Und schaut die Schlacht
am Birkenbaum." [9]

Prächtiger als alles, was grün ist, strahlen die Flachsäcker: wie Stücke Goldbrokat, funkelnd wie der Sonnenschein selber leuchten sie aus allem anderen hervor. Wie klare Seen, wie übervolle Wasserbecken, die den Glanz des Himmels widerspiegeln, so glatt ist die Oberfläche aus lauter Stengeln, die alle gleich lang, rank und schlank aufgeschossen sind und die gebogenen, struppigen Enden durcheinanderflechten, daß es aussieht wie lauter Wollflöckchen, in denen das Sonnenlicht spielt, wie auf dem Grund eines ganz von goldgelben, krausen Fäden übersponnenen Wassers. Dicht über diese Lichtspiegel streichen die Schwalben und schreiben ihre schwungvollen Schnörkel in die Luft, und immer wieder beginnen sie aufs neue ihr Spiel über der gelbgrünen Fläche der Flachsäcker. [7]

Das Motiv des blühenden Flachses als wogendes Gewässer findet sich in Märchen und zeigt, wie nahe Wirklichkeit und Zauberglaube beieinanderliegen.

So stellte einmal ein Mädchen einen Zauberer bloß, indem sie seine Tricks den Leuten offenbarte. Dieser rächte sich für dieses Tun bitter an dem Mädchen. Als dieses auf dem Weg zur Trauung war, verklärte ihm der Zauberer den Blick. Der Weg führte durch ein blühendes Flachsfeld. Da hob das Mädchen seine Kleider, weil es meinte, durch wogendes Wasser waten zu müssen, und wurde so seinerseits zum Gespött der Leute. [10]

Abb. 6) Blühender Lein (Flachs, Linum usitatissimum)

Abb. 7) Bei der Flachsernte. Aufn. von 1911

Das Raufen

Meist vor der Roggenernte, Ende Juli, ist der Flachs reif, wenn die kleinen Blätter zu vergelben anfangen und die Stengel sich zeisiggelb färben.

Eine alte Regel sagt aber auch, daß grün gezogener Flachs oder Lein sich besser rösten läßt als der ausgereifte; daß die Flachsstengel noch grün sein müssen, wenn sie gezogen werden, weil sie dann das feinste und reinste Gespinst liefern."

Zum Raufen des Flachses darf der Boden weder zu weich noch zu fest sein; es darf erst dann geschehen, wenn Regen und Tau vom Flachs völlig abgetrocknet sind. Zuerst rauft man ringsum die Ränder. Damit der Flachs nicht verworren und die Arbeit möglichst erleichtert wird, ist nach der Richtung zu raufen, nach welcher der Flachs hängt. Beim Raufen soll der Flachs von an den Wurzeln haftender Erde durch Schütteln befreit und gleich nach der Länge geordnet werden. Damit kein Unkraut unter die Flachsstengel kommt, muß man dieselben in der Mitte anfassen und aus dem Boden ziehen. [11]

Zum Flachsraufen mußte nach früherer Vorstellung gesungen werden. Man lärmte bei der Arbeit unablässig, um bösen Zauber abzuwehren, weil sonst der Leinsamen taub wurde und der Flachs nichts wert war.

Weit mehr noch wurde gesungen, als vor sieben Jahrzehnten Annette von Droste-Hülshoff in ihren "Bildern aus Westfalen" schrieb: Obwohl sich keiner ausgezeichneten Singorgane erfreuend, sind die Paderborner überaus gesangliebend; überall - in den Spinnstuben, auf dem Felde, hört man sie quinkelieren und pfeifen, sie haben ihre eigenen Spinn-, Flachsbrech- und Rauflieder, das letzte ist ein schlimmes Spottlied, was sie nach dem Takte des Raufens jedem Vorübergehenden aus dem Stegreif zusingen.

Sonderlich junge Herren, die sich den Verhältnissen nach zu Freiern ihrer Fräulein qualifizieren, können darauf rechnen, nicht ungeneckt vorbeizukommen und sich von zwanzig bis dreißig Stimmen nachkrähen zu hören:

"He! He! He! Er ist zu dick,
er hat kein Geschick," -
oder wie es in Bökendorf hieß:

"He, he Ferndin,
ick weit di wol ein
de Quinke, de Quank,
de Vogel de sang,
dat Jahr is lang.
Juchhei, lat en nich gahn!
Unsen Christian,
den neimst du wol gern!
De Quinke, de Quank,
de is mi te grot,
de fritt mi min Brot!
Juchhei, lat en gahn!" [12]

Und begann auf den weiten Flachsäckern Flanderns die Zeit des Flachsraufens, so herrschte ausgelassene Freude unter der Schar und die Luft war voll Heiterkeit. Sie zeigte ihre Ausgelassenheit im leichten Schritt ihrer Füße, im kräftigen Schwung ihrer Arme und im unaufhörlichen Rühren der Zunge.

"Wollen wir den Flachsacker
raufen?
Ja! - Ja! - Ja!
Heute morgen, da mußten wir
frühe aufstehn,
Wir wollten auf unseren Flachsak-
ker gehn.
Na - ve - va! Na - ve - va!"

Da war auch die Schar schon beim Rundtanz: Hand in Hand zogen und zerrten und drehten sie sich, langsam zuerst, dann immer schneller im Rhythmus des Liedes, das immer weiter erzählte:

"Wie jung und frisch steht der
Flachs auf dem Feld!
Drum sind wir heut zum Raufen
bestellt!
Na - ve - va! Na - ve - va!"

Da tauchte der Bauer auf mit der Geneverflasche, und auf einmal veränderte sich die Weise, und die Raufer johlten lauter zu einer hüpfenden Melodie:

"Wo mag unser Schenke so lange
nur bleiben?
Wir wollen den Bart ihm mit
Pfeffer einreiben!
Doch ich hab nur ihn im Sinn,
Ich bin's allein, die ihn beminn,
Denn sieh - da ist noch Öl darin!
Denn sieh, da ist noch Öl darin!"

Sie schlossen den Bauern wohl in die Runde und drehten sich weiter in immer schnelleren Schleifen, während einer der Sänger nach dem anderen ausschied, um in die Mitte zu treten und zu trinken. Inzwischen ging der ausgelassene Reigen weiter:

"Ich setz' das Glas an meinen
Mund,
Ich trink es aus und seh' den
Grund,
Na - ve - va! Na - ve - va!

Abb. 8) Bündeln und Aufstellen des gerauften Flachses zum Trocknen, Brockhagen Krs. Halle 1935

Und unser Bauer, der ist toll,
Er schenkt die Gläser nur halb voll!
Denn sieh - da ist noch Öl darin!
Denn sieh, da ist noch Öl darin!"

Nachdem jeder an die Reihe gekommen und die Flaschen geleert waren, ging der Bauer weg. Dann erklang der heitere Schlußvers:

"Wir danken dem Schenken,
Wir sind ihm so gut,
Und jetzt ist uns fröhlich
und heiter zu Mut.
Wir raufen heut hier,
wir raufen heut da:
Nur einmal ist Raufzeit
im ganzen Jahr."

"Damit löste sich die Runde auf, und jeder machte sich eilig an die Arbeit. Handvollen Flachs wurden ausgerauft und weggetragen, und die Arbeit ging vonstatten wie ein leichtes bequemes Spiel." [7]

Das Trocknen des Flachses

In diesen Tagen trocknet auf allen Äckern der Flachs.

Das Trocknen des Flachses geschieht gleich nach dem Raufen. Nicht zu empfehlen ist es, den Flachs zum Trocknen auf dem Felde auszubreiten; am besten trocknet man ihn zuerst in kleinen Kapellen. Diese werden folgendermaßen hergestellt:

Zwei sich gegenüber stehende Personen nehmen den gerauften Flachs bundweise in die Hand, stellen ihn mit den Wurzeln auf die Erde und lehnen die Knotenenden so nahe aneinander, daß die Stengel ihre gerade Richtung behalten und die Enden, sich halb durchkreuzend, ein Dach bilden. Auf diese Weise kann man Reihen von 4-5 m Länge aufstellen, was am besten in der Richtung von Nordost nach Südwest geschieht; um das Umwerfen dieser Kapellen durch starke Winde zu verhüten, kann man auf beiden Seiten Pfähle einschlagen und längs derselben ein Strohseil ziehen. Hat der Flachs in diesen Kapellen gestanden, so wird er in große Kapellen gesetzt.
Zunächst bindet man den Flachs in größere Bunde, setzt diese mit den

Abb. 9) "Kleine Kapellen" auf flandrischem Acker

"Eine liebe Pflanze weiß ich,
Nicht im Garten welkt sie hin,
Nein, auf Feldern, brav und fleißig,
Blüht sie, - eine Spinnerin.

Im Gewand, dem himmelblauen,
Steht sie da und blüht und blüht.
Reizend ist es anzuschauen,
Wie sie fleißig sich bemüht,

Daß, wenn sie die Sensen dengeln,
Alle Fäden fertig sind.
In den glatten Blütenstengeln
Liegt Gebindchen an Gebind."

Frieda Schanz

Abb. 10) Zum ersten Trocknen aufgestellte Flachsbunde

Wurzeln auf die Erde nebeneinander, stellt auf diese Bunde eine Reihe anderer Bunde und legt eine dritte Reihe dachförmig querüber. Darüber bringt man eine leichte Strohbedeckung an. Damit die Kapellen nicht vom Winde umgeworfen werden, schlägt man Pfähle an den Seiten ein und steckt zwischen diese und den Flachsbunden einige alte Bretter. Durch das Setzen in große Kapellen wird vollständiges Nachreifen des Samens und Schwitzen des Bastes bezweckt, wodurch derselbe an Geschmeidigkeit und Milde gewinnt. Man läßt den Flachs vierzehn Tage in großen Kapellen stehen.[11]

Abb. 11) Tanzlied aus Schweden

Heut soll das große Flachsernten sein

Es war Brauch, eine Handvoll Flachsstengel stehen zu lassen für die spinnende und webende Holda, bevor der Flachs eingefahren wurde.

1. Heut soll das große Flachsernten sein, den woll'n wir hecheln, spinnen gar fein, dann nähen wir uns Hemd und auch Rock, schwingen uns froh zum Tanze! Dum, dum, dum, dum, dum, dum, Webstuhl schnell geht, Spule sich dreht. Dum, dum, dum, dum, dum, dum, schwinget euch froh zum Tanze.

2. Heut soll das große Flachshecheln sein, den woll'n wir spinnen, weben gar fein, dann nähen wir uns Hemd und auch Rock, schwingen uns froh zum Tanze! Dum, dum, dum, usw.

3. Heut soll das große Flachsspinnen sein, den rauften wir und hechelten fein, dann nähen wir uns Hemd und auch Rock, schwingen uns froh zum Tanze! Dum, dum, dum, usw.

4. Heut soll das große Leineweben sein, weil wir den Flachs gesponnen so fein, dann nähen wir uns Hemd und auch Rock, schwingen uns froh zum Tanze! Dum, dum, dum, usw.

5. Heut soll für uns ein Freudentag sein, weil uns gelang die Arbeit so fein, dann nähen wir uns Hemd und auch Rock, schwingen uns froh zum Tanze! Dum, dum, dum, dum, dum, dum, Webstuhl schnell geht, Spule sich dreht. Dum, dum, dum, dum, dum, dum, schwinget euch froh zum Tanze! [13]

Abb. 12) Abstreifen der Samenkapseln von den Flachspflanzen mit Hilfe des Riffelkammes, Ladbergen, Krs. Tecklenburg, 1937

Das Flachsreffen

Welch eine Arbeit ist es früher um die Pflege und Bereitung des Flachses gewesen!

Welche Fröhlichkeit brachte die Flachs- und Spinnzeit ins Dorf. Mit dem Ziehen auf dem Feld begann die Arbeit und die Fröhlichkeit mit dem Riffeln oder Reepen des Flachses. Da saßen die Frauen und Mädchen im Vorschöpsel an der Riffel und schlugen die "Knotten" oder "Knutten" ab. Zu diesem Zweck zieht man den oberen Teil des Pflanzenbündels durch ein kammartig mit Eisenzähnen besetztes Brett, die Riffel, und trennt so die Samen von den Stengeln. Die "Knotten" werden getrocknet, mit dem Dreschflegel ausgedroschen, durch die Wannemühle gereinigt, so gewann man den Leinsamen. Hieraus wurde dann in den Ölmühlen das sogenannte Leinöl geschlagen.

Abb. 13) Zur Gewinnung des Leinsamens wurden die getrockneten Knotten durch die Wannemühle gereinigt. Aufn. von 1898, südliches Siegerland

In der Tat gehörte das Flachsreffen trotz der an sich harten und eintönigen Arbeit zu den lustigsten Festen und Singgelegenheiten des Jahres. Die sogenannten Ripenlieder sind mit die lebendigsten und eigenartigsten des westfälischen Volksliedschatzes. Einfach, für jedermann singbar ist ihre Gestalt, was ihnen die Kraft allgemeiner Bindung und Fesselung in der Arbeitsrunde gibt.

Da saßen sie, die fleißigen Frauen beim Flachsriffeln, tranken dabei Brotsuppe mit Zucker und Schnaps gemischt und sangen dazu ihre Lieder, ihre bis ins Unendliche gehenden Lieder. Etwa das vom goldenen Wagen:

"Un wai satt darinne?
Hohohoho?
Schulten Liesken satt darinne!
Müllers Steffen leip darümme!
Hohohoho!"

In dem folgenden Liede aus der Dortmunder Gegend wird ein zufällig anwesendes Mädchen namens Klörken Schulten als Anlaß zu einer ziemlich freien Reimerei genommen, die sich nach dem Geschick des Sängers schlecht und recht einem bekannten und weit verbreiteten Melodiengerüst anpaßt; Flickzeilen ohne rechten Sinn, eingeschobene Kehrverse oder Rufe sind dafür bezeichnend:

"Knötken briekt boven af,
kloven, groven,
Klörken Schulten well nu heme gohn,
jo heme gohn!
Klörken kann so nette danzen
un so lise gohn,
o du min leve Klörken,
wat hev eck di dann don,
dat du wus heme gohn?
Dat well eck di wull seggen:
Du löfst alle Derens noh,
un wenn du dat nich loten wus,
dann maut eck heme gohn,
jo heme gohn!"

Es ist nicht verwunderlich, wenn uns in den Brech- und Ripenliedern uralte Liedtypen begegnen mit bespöttelndem oder erotischem Inhalt. Die Elite des Dorfes, besonders begabte Vorsänger und Stegreifdichter fanden reichlich Gelegenheit, ihre Kunst in der jeweiligen Mundart zu zeigen. Das Flachserntelied ist von jeher wirklichkeitsbezogen, es geht auf konkrete Vorgänge ein. Alles, was sich in Vergangenheit und Gegenwart im Dorfe oder im näheren Umkreis zutrug, wurde besungen. [14]

So ist es keine Ausnahme, daß die sangesfrohen Leute in Bökendorf, im Paderborner Lande, in einem Ripenlied die Werbung des Herren von Droste besingen, der um die Hand des Frölen Thereße von Haxthausen anhielt. (Das Schloß Hülshof bekam eine neue Herrin, die die Mutter der Annette von Droste-Hülshoff wurde).

"Up ji Rüters un je Herren
Nu latet us mohl na Bökendorp gohn
Wie willt wohl bold wier ümkeren
Wakere Mäkens de sind der genog
Dat Danzen will wie'n wohl lehren
Wie Danzen hin, wie Danzen her
Wie Danzen für Haxthusen Howe her
Do setten sey us dei Stöhle
Se geiwen us des Behrs un des Branwins genoch
Den Win trönken wie ut Krösen
Fru von Haxthusen will se no lange liewen
So mut se us Frölen Thereße giwen
Wohlheimlich und verborgen
Will se den Heeren von Droste nich häwen
So kann se sitten un sorgen" [15]

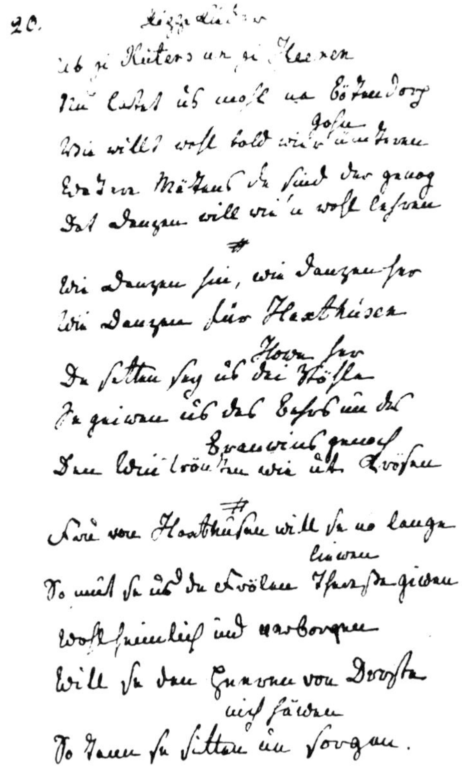

Abb. 14) Alles was sich in Vergangenheit und Gegenwart im Dorfe zutrug, wurde besungen, wie auch in diesem Rippelied aus Bökendorf, Handschriftliche Liedersammlung aus der Familie von Haxthausen. Bestickter Einband mit Aufschrift: "Werner 1820"

Die Flachsröste

Und weiter ging die Arbeit. Der wieder gebündelte Flachs mußte "geteicht" werden.

Der Flachsstengel besteht ja aus langen Bastfasern. Das Rösten hat den Zweck, die gummiartige Substanz zu entfernen, welche sich zwischen dem Bast,dem holzigen,innen hohlen Stengel und der äußeren Rinde befindet. Zur Erweichung der gummiartigen Substanz kennt man verschiedene Verfahrensweisen: Die Kaltwasserröste, die Tauröste und die Schneeröste.

Die Kaltwasserröste ist immer noch das beste Röstverfahren. Bei der Kaltwasserröste ist von großer Wichtigkeit vor allem die Beschaffenheit des Wassers. Weiches, langsam fließendes Flußwasser ist das beste. Quellwasser, namentlich, wenn es Kalk und Eisen führt, wirkt ebenso nachteilig wie Fluß- oder Bachwasser, in welches Eichen- oder Erlenlaub fällt. [11]

Also wurden die Flachsbündel fachgerecht in den Teich geschichtet, mit Brettern und Steinen beschwert - und so unter Wasser gehalten. Der

Abb. 15) Einlegen der Flachsbündel in die "Röstekuhle" zum Verrotten der Faser

Abb. 16) Flachsofen auf dem Hof Willing in Vreden-Lünte, 19. Jahrh.

nun durch Mikroorganismen bewirkte Fäulnisvorgang zersetzt den gummiartigen Pflanzenschleim und macht die Holzteile des Stengels mürbe, so daß sie sich leicht von der Faser lösen.

Die Wasserröste verdient den Vorzug, weil sie wegen der besseren Lösung des Pflanzenschleims eine seidige, weißglänzende Faser ergibt und die sogenannten Hackschäben verhindert, welche durch teilweises Haftenbleiben der Stengel an der Faser entstehen und in Verbindung mit den Resten des Klebers und kleiner Faserteilchen die Bildung des sehr ungesunden Hechelstaubes wesentlich begünstigen.[16]

Um sich davon zu überzeugen, ob der Flachs genug geröstet hat, verfährt man in der Art, daß man aus den Bunden, welche in der Mitte der Kuhle stehen,einige Handvoll Stengel auszieht und dieselben untersucht. Man trennt nämlich den Bast an dem Wurzelende von dem holzigen Teile ringsum los und sucht ihn durch sanftes Ziehen gegen das Samenende abzuschälen. Löst sich der Bast leicht, ohne daß Fasern oder Fädchen an dem Stengel zurückbleiben, so hat der Flachs genug geröstet. Eine andere Untersuchungsmethode besteht darin, daß man einige Stengel biegt; brechen dieselben mit einem Geräusch wie Glas, so ist das Rösten beendet. [11]

Sobald der Flachs genügend geröstet war, wurde er aus der "Dyke" genommen und auf leeres oder brachliegendes Land ausgebreitet. Von Zeit zu Zeit mußten die Flachsreihen mit einem langen Stock oder Harkenstiel gewendet werden; begann der Stengel brüchig zu werden, wurde er wieder in Bündeln geschichtet und an warmen August- und Septembertagen gesonnt; war die Witterung nicht günstig, wurde der Flachs in erwärmte Backöfen gesteckt, wenn kein Flachsofen vorhanden war.

Durch das Trocknen von Flachs in Backöfen ist oft großes Unheil geschehen. Am 10.10.1832 entstand in Lüdinghausen eine große Feuersbrunst. Die Magd eines Hauses auf der Langenbrückenstraße trocknete trotz Polizeiverbots Flachs im Backofen. Durch irgendeinen unglücklichen Umstand entzündete sich der Flachs. Unvorsichtigerweise zog die Magd den brennenden Flachs aus dem Ofen; er fiel auf eine in der Nähe liegende Menge leicht entzündbarer Stoffe, die im gleichen Augenblick in hellen Flammen standen. Alles ringsum brannte lichterloh, dann das Nachbarhaus. Mit unheimlicher Geschwindigkeit breitete sich das Feuer aus. Nach einer Stunde brannten 60 Häuser. [17]

Aus Vreden im Westmünsterland wird berichtet, zu lesen auf einem herzförmigen Schützenschild eines Königspaares: "In der Nacht vom 19. zum 20. August 1811 wurden in unserm Reiche infolge eines durch Flachsrösten auf dem Feuer entstandenen Brande 311 Häuser und sämtliche Habe und drei Menschen ein Raub der Flammen. [18]

Außer den Großbränden wurde die Stadt Lünen auch von kleineren Feuern heimgesucht. Erst eine wirkliche Feuerbekämpfung seit dem 17. Jahrhundert durch Spritzen schränkte die Stadtbrände ein. Im Monat Juni 1822 brannte ein altes Gebäude am östlichen Stadtwalle durch Unbesonnenheit seines Bewohners, der sich mit einer Tabakspfeife auf einen Haufen Flachs, der auf dem oberen Boden lag, gelegt hatte. [19]

Durch Erfahrungen gewitzt, untersagte die Bürgerschaft auch die Bearbeitung des Flachses ("Schwingen und Braken") während der Nacht bei Licht, damit nicht dieses leicht entzündbare Brennmaterial Feuer fing und unsägliches Leid über die Stadt brachte. So hatte die Frau des Steinpförtners im Jahre 1649 am 27. Oktober "ein Feuer durch Verwahrlosung des Flachses verursacht", und noch 1743 wurden zwei Frauen bestraft, weil sie bei Licht auf der Tenne gesessen und Flachs gehechelt hatten.

Auch Klagen über die Nachlässigkeit der Bürger wollten nicht verstummen. So mußten Strafen verhängt werden. Flachs-Verwahrlosung ferner, weil eine Frau Flachs beim Feuer getrocknet oder eine andere gegen das Verbot der Herren vom Rate Flachs im Ofen gehabt hatte.

Aus den Statuten der Stadt Lünen vom Jahre 1613:
"Niemantt soll deß Nachtts Schwingen oder Braken bei pfeen 10 Marck" [20]

Abb. 17) Der Brand der Stadt Vreden im Jahre 1811, verursacht durch Flachsrösten auf dem Feuer, vernichtete 311 Häuser und sämtliche Habe der Bewohner.

Abb. 18) Flachsboken mit dem "Bülter". Bevor die Bokemühlen aufkamen und bei kleineren Mengen wurde mit der Hand gebokt. Spenge, Kr.Herford. Aufn. von 1911

→ Abb. Flachsbreche 4. Jh. n. Chr. s. AiD 1/2005, S. 49

Das Boken des Flachses

Hatte die Sonne die Flachsstengel gut getrocknet, so mußten diese Stengel noch weich geschlagen werden:

"Aes ick aolt was un stief,
bünnen se mi en Band ümt Lief,
Se kloppten mi, se slögen mi."

Diese Tätigkeit nennt man Boken. Bei geringen Mengen Flachses genügte ein Holzklotz und ein Knüppel (Bülter). Jede fertige Handvoll wurde auf den Zochelwocken gelegt, ein Gerät zum Ordnen, das aus einem quadratischen Stück Holz und einem meterlangen, darauf senkrecht stehenden Stab bestand.

Mit größeren Mengen Flachses fuhren die Frauen und Mädchen zur Bokemühle, die man auch Roßmühle nennt, weil hier vielfach die Pferdekraft als Antrieb diente; ein Pferd wurde an einen Zugbaum gespannt, der mit der senkrecht aus dem Dach

Abb.19) Boken in der Bokemühle. Der Flachs wird gestampft, wobei die schweren Eichenstempel die mürben Stengelhölzer von der Faser lösen. Suttorf bei Wallenbrück, Aufn. v. 1911

s. dazu: P. Theißen: Mühlen im Münsterland, S. 426

herausragenden Triebachse verbunden ist.

Die Hauptsache ist aber bei der Bokemühle das Stampfwerk, das aus vier schweren Eichenstempeln besteht, die mittels einer Zahnradwelle durch Pferdestärken senkrecht emporgehoben werden und dann niederfallend auf einen Längsbalken oder dicken Stein aufschlagen, so daß sie durch ihr Eigengewicht den von den Frauen untergehaltenen Flachs weichschlagen. [21]

Abb. 20) Roßmühle im Mühlenhof Freilichtmuseum, Münster

Roßmühlen befanden sich früher dort, wo mit einem zeitweiligen Versiegen der Bachläufe gerechnet werden mußte, in der nächsten Nähe von Wassermühlen. Durch zwei Wellen wurden der Mahlgang und die Flachsboke getrennt in Bewegung gesetzt. Wie in den meisten Mühlen wurde in der Saison auch nachts gearbeitet, vor allem nach der Flachsernte. Dann brachten die Mühlgäste ihre eigenen Zugtiere, vor allem Kühe zum Ziehen des Rades mit.

Abb. 21) Beim Brechen, Braken oder Racken wurde die Flachsfaser schon von einem großen Teil des holzigen Gewebes befreit. Aufn. von 1911

Das Braken des Flachses

Nach der Ernte im Herbst beginnt dann das Brechen, Brauken oder Braken des Flachses durch die Breche, Brake oder Rake.

Dieses Gerät besteht aus einem Gestell mit zwei gleichlaufenden Holzscheiten, zwischen denen sich ein Holzmesser auf- und abbewegen ließ, wie die Klinge eines Taschenmessers in seinem Heft.

Es wurde eine Handvoll gebokten Flachses von dem Zochelwocken

Abb.22) Flachsbrechen in einem oldenburgischen Bauernhaus. Die Deele als Arbeitshalle der vielseitig haushandwerklich schaffenden Hofgemeinschaft

genommen, auf der Brake durch Niederdrücken des Messers mehrfach gebrochen und unter demselben hervorgezogen, so daß die Stengel völlig geschmeidig wurden. Bei diesem Tun wurde die Faser schon von einem großen Teil des holzigen Gewebes befreit. Diesen Abfall nannte man Schewe oder Schierbe oder einfach Flachskaff; es war wertlose Spreu.

Der fertiggerakte Flachs spielte allerdings auf dem Brautwagen und als Gastgeschenk bei ländlichen Hochzeiten eine große Rolle bis ins vorige Jahrhundert hinein; man hieß das die Flachsdönte.

Das Brauken oder Braken des Flachses war wahrhaftig nicht nur

eine schwere, sondern vielmehr auch eine schmutzige Arbeit, die sich häufig über Wochen hinziehen konnte.

Meistens war ein Schuppen oder auch die Tenne der richtige Ort für die fleißigen Leute, die diese staubige Arbeit zu mehreren im Tropp ausführte, mit Hilfe der Nachbarn und Heuerlinge. In diesen Tagen hörte man oft im Dorf die weithin schallenden Klopfkonzerte.

Die Menge, die eine Frau an einem Tage braken mußte, bestand aus 160 Handvoll Flachs, das waren 2 Bunde. Im Lübecker Land wurden beim Brauken zusammengelegt:

3 Handvoll zu einer Risse,
12 Rissen zu einer Knucke oder Dießen,
10 Knucken zu 1 Bürksel und
1 1/2 Bürksel mußte eine Frau in einem Tage brauken. [21]

Abb. 23) Schwingblock und Schwingmesser Bäuerin Wilhelmine Suhrheinrich bei der Arbeit, Ladbergen-Hölter, Krs. Tecklenburg 1937

Gottfr. v. Neifen, Minnesänger, 13. Jh., : Gedicht beim Schwingen → s. Al Fresco (III), S. 54

Abb. 24) Beim Flachshecheln mußte man gut achtgeben, damit man nicht mit den Händen in die nadelspitzen Hechelzähne geriet

Das Schwingen und Hecheln des Flachses

"Je besser gebrochen,
Je leichter geschwungen." [5]

Die Behandlungsweise des Flachses nach dem Brechen bezweckt, die noch anhängenden Schäben aus demselben zu entfernen. Zu diesem Zweck befestigt man den Flachs handvollweise an dem Schwingstock, dreht ihn fortwährend mit der linken Hand und schlägt ihn mittels der rechten Hand von oben nach unten, nach allen Seiten mit dem aus Buchenholz gefertigten Schwingmesser, welches eine scharfe Schneide hat. Zuerst beginnt man mit dem Schlagen der Wurzelenden; der Schlag muß stets parallel mit dem senkrecht stehenden Brett geschehen. Bei jedem Schlage muß man die Handvoll Flachs vor- und zurückziehen, um mit dem Schwingmesser die einzelnen Flachsteile besser der Acheln (Schäben) entledigen zu können. Durch häufiges Ausschütteln fördert man das Abfallen der Schäben. Das Schwingen hat die Vorteile, daß der Flachs weniger oft durch die Hechel gezogen zu werden braucht, mithin die Enden der Spitzen weniger abreißen.[11]

Abb. 25) Zum Hecheln benutzt man zuerst die grobe, dann die feinere Hechel. Hechelbock mit bemaltem Brett

Doch wieviel Sorgfalt und Kenntnisse wurden von den Mädchen und Frauen verlangt, die damit beschäftigt waren, den durch das Schwingen von allen Schewen (Schäben) befreiten Flachs erst durch die gröbere und dann durch die feinere Hechel zu ziehen, um alle unreinen Flachsteile zu entfernen.

Der Hechelbock ist ein leichtes Holzgestell mit zwei Holznuten, zwischen die das Hechelbrett (etwa 65 cm lang und 14 cm breit) geschoben wird; dieses ist vielfach bunt bemalt und trägt einen oder zwei flache Kästen, die dicht mit 5 cm hohen eisernen Zinken besetzt sind.

Abb. 26) Das Ribben des Flachses. Bei Spenge, Krs. Herford, 1911

(Abstand der Nägel: Grobhechel etwa 0,6 cm, Feinhechel etwa 0,3 cm.) [21]

Wollte man feine seidige Fasern haben, so wurde der gehechelte Flachs noch geribbt. Dazu gebrauchte man ein etwa 50 mal 50 cm großes Stück Kernleder und das "Ribbeeisen". Das Stück Leder, den "Ribbelabb'm", legte man sich auf die Knie, hielt darauf das Flachsbündel und schabte mit dem Ribbeeisen darüber. Durch mehrmaliges Drehen und Wenden sorgte man dafür, daß jede Faser getroffen wurde.

Die Blütezeit der Spinnstuben

Laut rauschet vom Golde der Ähren das Land.

Still grünet ein Pflänzchen im schlichten Gewand;

Doch trägt es ein Krönlein von himmlischem Blau,

Des Krönleins Gestein ist der funkelnde Tau.

Bald tragen wir sorglich das Pflänzchen hinein,

Dann schmückt es den Rocken mit silbernem Schein.

Wir singen zum tönenden Rädchen und drehn

Die Fädchen wie Seide so glatt und so schön.

Abb. 27) Buchillustration von Ludwig Richter (1803-1884)

"Das Tageslicht nahm nach dem 29.9. stark ab, und die Abende wurden länger. Darum surrten allabendlich wieder die Spinnräder. Man wünschte sich diese Zeit wohl herbei; denn der alte Spruch sagte: "Michel, steck's Licht an, das Gesinde will spinnen gahn." So war Michaelis in allem der Übergang von der Sommerarbeit zur Winterarbeit." [22]

Die gleitenden Fäden in der Luft, von zahllosen winzigen Spinnen herrührend, sie sind der Scheidegruß des Herbstes.In Schlesien pilgerte dann Frau Holle als Spinnerin - ihr, der Göttin der Fruchtbarkeit, pflegte man die Flachssaat in besondere Obhut zu geben - durch die Dörfer und Städte, um den Fleiß der schlesischen Mädchen zu prüfen.

"Als die Frau Holle komm ich her:
ob hier 'ne richtige Spinnstube wär?
Ich muß im ganzen Land nachsehen,
wie die Spinnerinnen die Fädchen drehen.
Dicke Fädchen - -
Faule Mädchen - -
Doch wer da spinnt recht feinen Faden,
Dem soll übers Jahr der Flachs geraten!"[23]

Nun kamen die trüben und dunklen Tage des Spätherbstes und damit die Spinnstubenzeit auf dem Lande. Die langwierige Bearbeitung des Flachses während der Sommertage war beendet, und nun wollten die vorbereiteten Flachsfasern versponnen werden. In der Regel wurde von Martini (11.Nov.) bis Lichtmeß (2.Febr.) das Spinnen ausgeübt. "St.Martin macht Feuer im Kamin, dann, o Mädchen, greif zum Rädchen."
Nach der harten Arbeit freuten sich die Mädchen und Frauen auf das gesellige Beisammensein in der Spinnstube. Oft kamen Freunde und Bekannte aus der Nachbarschaft mit ihren Spinnrädern herüber; an einem solchen Abend gab es ein lustiges Arbeiten in der Spinnstube. Man erzählte sich Schnurren und gab einander Rätsel auf, und froh erklangen die alten Volkslieder. Das Lachen und Scherzen der Jugend mischte sich mit den bedächtigen und oft sorgenvollen Reden der Älteren.

"Ret't use Modersprack,
ret't use Platt!
Wat us so deip in't
Hiätten all satt,
Draff nich vergohn un
sall nich veruotten,
Draff sick nich quiällen
in Griäwen und Guotten,
Draff nich vekommen,
verloddern un freisen.
Söll wi dann ok noch
dat Leste veleisen?" [24]

Retten kann unser Platt nur dessen täglicher Gebrauch in der Familie. Da sehen wir in Gedanken entsetzte Gesichter und hören allerlei Befürchtungen. Unnötige Sorge! Kein Vater, keine Mutter braucht zu befürchten, daß ihr Nachwuchs schon zu verdummt sei, um zwei Sprachen zu lernen - braucht zu fürchten, daß das Plattdeutsche dem Hochdeutschen schade. Eltern, die selbst Platt können, sollen ihren Kindern nicht das Wertvolle und Schöne vorenthalten, das im Plattdeutschen steckt; sie entziehen ihren Kindern sonst eine Mitgift, die nicht bloß für ihr geistiges, sondern auch für das sittliche und wirtschaftliche Leben höchste Wertung hat.

Es geht nicht um Laut und Klang, sondern um das schlichte Wesen, die schlichte Seele, deren Ehrlichkeit, Offenheit, deren Liebe zu allem Echten und Schönen, deren Verbundenheit mit der Natur und dem Kulturgut der Vorfahren, deren Freude an Humor und Scherz, die im klangvollen Platt ihren wesensechten Ausdruck finden. [25]

Besonders sollte das Fortleben der plattdeutschen Rätsel und Kinderlieder bei den Kindern beachtet werden. Die Stoffgebiete umfassen ja die ganze Umwelt einer bäuerlichen Bevölkerung: Haus und Hof, Pflanzen und Tiere, Himmelskörper und Witterungserscheinungen.

Wiegen- und Kinderliedchen

Hö, hö, hör,
Well is dao vör de Dör,
Dat is de Mann met de Höhner kiep,
de will use Jansken haolen;
Ne, Mann, so geit dat nich,
Use Jänsken krigs du nich.

Büß du min Däneken,
schlöps du nich bi mi,
seß mal in de Wiäke,
Sunndags noch de bi?

Trüllulütt, dat Kaffeprütt,
muorgen kümp dien Tante,
briäg di ne Sack vull Knabbeln met,
aowers kene verbrannte.

Bimmel, bammel, beier,
Änneken mag kiene Eier,
Wat mag et dann,
Speck in de Pann,
Hu, wat is et'n Leckertann.

Süster - sü, so - Süsterken,
Appeln und Bärn in't Nüsterken,
Zucker un Prumen un Mandelkern
Mag use kleine Süsterken gern.

Häb ih datt kleine Jänsken
met dat Spolrad nich seihn?
Et satt ja gistern Naobend
int Hanholt te dreihn. [26]

Rätsel

1. Hans Hölteretölt läöp üöwert Feld.
We hät mär Beene äs Hölteretölt?

2. Dags mäkt Klipp-Klapp,
Nachts stait vüörn Bedde un gabt.

3. Achter usen Huse, dao steiht ne Kukrekuse, dao brennt et Dag un Nacht, un use Huse is doch nich afbrannt.

4. En Mann schmitt den ganzen Dag Holt naon Balken un et kümp ümmer wier herunner.

5. En Mann staiht in't Holt un röpp, un kien Mensk giff em Antwort.

6. Et is so bred äs mine Hand un löpp dürt ganze Mönsterland.

7. Puttkepattke üöwer de Brügge, har sien Härn Bedde up'n Rügge.

8. Limpe, Lampe, Lämpken, gaiht ürwer use Kämpken, hät kien Butt of Been, gäiht alltied alleen.

9. Et is schwatt un fräit Schwatt und läöp met'n schwatten Stiät de Wand herup.

10. Wat gaiht up'n Kopp in de Kiärk?

11. We ligg up'n Rasen un hätt 43 Nasen?

12. Wat is 't beste an'n Pannkoken?

13. Josepp van Aegypten,
de harr'n Dink, dat wippten,
rund herüm met Haor besatt;
Raoe, raoe, wat is dat?

14. Rue, rue ripe! Giäl is de Piepe, schwatt ist dat Gatt, wao Rueripe in satt.

15. Et slapet acht Jungfern in einem Bedde, keine liet vorne und keine liet hennen.

Abb. 28) Limpe, Lampe, Lämpchen. . .

Auflösungen.
1. Egge. 2. Holzschuhe. 3. Brennessel. 4. Drescher. 5. Prediger. 6. Wagenspur. 7. Gans. 8. Mond. 9. Stubenofen. 10. Schuhnagel. 11. Säge. 12. Datt he nich wegläöpp. 13. Augenlid. 14. Wurzel oder Möhre. 15. Acht Speichen des Spinnrades. 27

Abb 29)

O Nadel der Frauen, so lieblich zu schauen!
Wie eilst du, wie fliegst du, wie fleißig bekriegst du,
wie tapfer besiegst du der Armut Beschwer!
Wie führen behende die fleißigen Hände den friedlichen Speer!

Aus: Für unsere Frauen und Töchter, 1898

In diesen dörflichen Spinnstuben wurde gern und viel gesungen. Singend sind alle Volkslieder entstanden. Die wertvollsten und schönsten alten Volkslieder, selbst unter den Berufsliedern, sind fast sämtlich Liebeslieder. Und wenn ein Lied in Wort und Weise den richtigen Ton getroffen, so verbreitet es sich von Mund zu Mund. Nicht zuletzt sorgten die Spinnstuben dafür, daß die Lieder weiterlebten.

Ein Westfalenlied

Aus einer Hochzeitszeitung von 1908

Melodie: Strömt herbei, ihr Völkerscharen.

O wou schön is mien Westfalen,
Löchtest wiet mien Heimotsland,
Wat ick segge, is kien Praohlen,
Daorup giew ick di de Hand.
Eken wasst duo, stur un mächtig,
Roggen, Waiten, Giärst' un Flaß,
Un en Menskenschlag so däftig,
De kennt Arbeit un auk Spaß.

Wat Westfaolen fabrizeeret,
Is dat däft' ge Handgespinst.
Wao auk män' n Fürsten regeeret,
Du auk usse Linnen find' st,
Un dat spinnet usse Lüde,
un dat neihet usse Frau' n,
So es fröher ist nao hüte,
Up Westfaolen kannst du bau' n! [28]

Spinn, spinn, meine liebe Tochter

Abb. 30) "Spinn, spinn, meine liebe Tochter, ich kauf dir'n Mann"

1. "Spinn, spinn, meine liebe Tochter, ich kauf dir'n Paar Schuh." "Ja, ja, meine liebe Mutter, auch Schnallen dazu. Ich kann ja nicht spinnen, es schmerzt mich mein Finger und tut und tut mir so weh."

2. "Spinn, spinn, meine liebe Tochter, ich kauf dir'n Paar Strümpf." "Ja, ja, liebe, liebe Mutter, auch Zwickeln darin! Ich kann ja nicht spinnen, es schmerzt mich mein Finger und tut und tut mir so weh."

3. "Spinn, spinn, meine liebe Tochter, ich kauf dir ein Kleid." "Ja, ja, liebe, liebe Mutter, nicht zu lang und nicht zu weit. Ich kann ja nicht spinnen, es schmerzt mich mein Finger und tut und tut mir so weh."

4. Spinn, spinn, meine liebe Tochter, ich kauf dir'n Mann." "Ja, ja, liebe, liebe Mutter, dann streng ich mich an. Ich kann ja schon spinnen, es schmerzt mich kein Finger und tut und tut und tut nicht mehr weh." [29]

Der Ehrenstuhl

Spinnstubengeschichte vom Pfarrer von Elsey

Eine arme Bauernwitwe hatte ihren Sohn mit Spinnen ernährt und ihm, als er auf der Schule war, die Speise über Feld zugetragen. Dieser Sohn kam in der Welt hoch hinauf und gab einst ein großes Gastmahl. Als die Gäste sich im Vorzimmer versammelten, wurden sie zwei Dinge gewahr, über die sie sich wunderten. Unter einem prächtigen Spiegel hing ein ganz geringer Knotenstock. Sodann stand oben an der Tafel ein alter Stuhl mit hoher Lehne und neuem Überzug. Man fragte den Herrn des Hauses, was das bedeute. Er antwortete: "Ich hatte nichts als diesen Stab, als ich aus meiner Mutter Hause ging. Der Stuhl aber ist meiner lieben Mutter Spinnstuhl gewesen, an dem sie so viel gearbeitet hat, daß ich auf der Schule leben konnte." Als nun die Gäste alle beisammen waren, bat er sie, daß er noch einen fehlenden Gast holen dürfe. Siehe, da kommt er schon zurück, an seinem Arme führt er ein gekrümmtes, altes Mütterlein in Bauerntracht und setzt es auf den Spinnstuhl obenan - es war seine Mutter, die er also ehrte.[31]

Abb. 31) Zeichnung von Vilhelm Pedersen

Nun ist "Middewinter", so bezeichnete man im Volksmunde vordem die Weihnachtszeit. Die Tage sind kurz und trübe, die Abende lang und die Nächte finster. Wird früh die vor mehr als 60 Jahren gebräuchliche Öllampe, die getränkt ist mit Rüböl, entzündet und an einer bevorzugten Stelle am großen Rauchfang (Bosen) aufgehängt, dann hört für das Gesinde die Hausarbeit auf, die Mägde sammeln sich um das mit Torf, Soden (getrocknete Rasenflächen aus den Mooren) und Holzscheiten gespeiste Herdfeuer mit ihren Spinnrädern. Volkslieder werden gesungen, Spukereien und von Ereignissen jedweder Art berichtet. [30]

Abb. 32) Scherenschnitt

Neben der Unterhaltung war das Singen der Volkslieder eine willkommene Abwechslung.

Den Frauen und Mägdelein

Weise: "Keinen Tropfen im Becher mehr".

1. Mutter sagt zum Töchterlein: "Heute abend fleißig sein, greif zu Spinnrad und Rocken!" "Ach, wir wollten heute ja auf den großen Kommers, Mama!" - Töchterlein spricht es erschrocken.
2. Mutter schier entrüstet ist über das Oppositionsgelüst, spricht in Eifer erglommen: "Tabaksqualm und Bieresduft, Burschenlieder und Kneipenluft: kann einem Mädchen nicht frommen."
3. "Diese Studenten, oh Himmel, nein, sollen so schreckliche Menschen sein, die Theologen am meisten, kneipen am liebsten das ganze Jahr, und dem Treiben soll ich gar - nun auch noch Vorschub leisten!"
4. "Mutter", spricht der Vater mild, "sieh dein holdes Ebenbild mit den goldenen Locken, ist so jung und lebensfroh, banne sie nur heut' nicht so, - streng an den garstigen Rocken".
5. "Hab ja selber Tag und Nacht, flott als Bursch einst mitgemacht, jetzt vor zwanzig Jahren, bin von flotter Kneiperei heimgewandelt oft nach Drei - (freilich mitunter - gefahren.)"
6. "War's nicht auch im Festessaal, als wir beide zum erstenmal Hand in Hand gestanden, als umbraust von Jubelsang, Schlägerschmettern, Gläserklang, - still zwei Herzen sich fanden?"
7. "Ach, es schenkt ja die Natur goldene Jugend einmal nur uns in blühenden Lenzen; laß der Jugend ihr froh Gesicht, wehrest ja selber den Tränen nicht, - die im Auge dir glänzen."
8. Über ein Stündlein mit frohem Sinn, sitzen die Drei im Festsaal drin, fort sind Kummer und Klagen. Mädchen jubelt in heller Freud', ob sie ihr Herz verloren heut', - müßt ihr selber fragen. [32]

Abb. 33) Darstellung häuslicher Spinnarbeit im Schildbogen einer Schwarzwälder Porzellanuhr, um 1860

Abb. 34) "Sie hat gesponnen sieben Jahr den goldnen Flachs am Rocken!" Scherenschnitt von Irmgard Beckmann

"Durchspinn-Nacht"

Nicht nur Volkslieder, Liebeslieder, auch winterliche Tänze und Spiele blieben durch die Spinnstube unvergessen und wurden von Generation zu Generation weitergegeben.

Die längste Nacht und der kürzeste Tag des Jahres gehören St. Thomas. 21.12. Diese lange Nacht verbringt man nicht allerorten im Bett. In Böhmen und Thüringen heißt die Thomasnacht die "Durchspinn-Nacht"; man verkürzt sie sich mit Spiel und Tanz, gutem Essen und Trinken. Im böhmischen Riesengebirge spinnen die Mädchen die ganze Nacht, um sich von dem Erlös einen feinen Weihnachtstag zu machen.
Im Gegensatz dazu wurden Spindeln und Rocken in Siebenbürgen von den Burschen zerstört und verbrannt, weil das Spinnen ein Ende haben sollte.[33]

Wir winden dir den Jungfernkranz,
Mit veilchenblauer Seide;
Wir führen dich zu Spiel und Tanz,
Zu Glück und Liebesfreude.
Schöner grüner Jungfernkranz,
Veilchenblaue Seide.

Sie hat gesponnen sieben Jahr
Den goldnen Flachs am Rocken,
Die Schleier sind wie Spinnweb' klar
Und grün der Kranz der Locken.
Veilchenblaue Seide.

Und als der schmucke Freier kam,
War'n sieben Jahr verronnen;
Und weil er die Herzliebste nahm,
Hat sie den Kranz genommen.
Schöner grüner Jungfernkranz,
Veilchenblaue Seide.[34]

Die Spinnstube war eine Einrichtung, die in den Landschaften sich unterschiedlich darstellte.

Vor 150 Jahren sah es im Dezember an den Abenden in der Lippestadt Lünen noch ziemlich düster aus. Die Straßen waren schon mit dem Einbruch der Dunkelheit menschenleer. Alt und Jung, auch vielfach Leute aus der Nachbarschaft, trafen sich am licht- und wärmespendenden Herdfeuer in der Spinnstube. [35]

Immer wieder gab es bei diesem Zusammensein manche anregende Unterhaltung. Alte Weisheitsworte offenbarten Familiengeschichten der benachbarten Guts- oder Bauernhöfe, erzählten von menschlichem Schicksal, von ewiger Treue und verratener Liebe. Auch Flurnamen, alte Feldwege und selbst das Dorf und seine Feste wie auch die Geschehnisse der Nachbarorte wurden mit hineinverwoben.
Noch am Ende des 19. Jahrhunderts kannten die Lüner Bürger für den äußeren westlichen Straßenzug der Innenstadt mehrere Bezeichnungen, die den Wehrcharakter erkennen lassen: Hinter der Mauer, Am weißen Turm, Auf der Schanze, Am Steintor, Am Schüttstall.[36]

"Das Dorf hat eine stille Macht.
Es gibt auf seine Menschen acht.
Es sorgt und wehrt, es gibt Geheiß,
Weil es von allen - alles weiß."

Abb.35) Und Großmutter, indem sie gemächlich den Spinnfaden durch die geübten Finger gleiten ließ, erzählte: . . .

"Wir waren sieben Schwestern, -
Jung, froh, doch ohne viel Geld,
Fanden aber auch Männer
Und kamen gut durch die Welt;
Wir trugen nicht seidene Kleider,
Die Jugend nur hat uns geschmückt,
Mein Brautkleid aus weißem Mulle,
Das hab' ich mir selber gestickt.

Im Städtchen gab's keine Konzerte,
Wir hatten ein altes Spinett.
Da sangen wir abends dem Vater
Und gingen um zehn Uhr ins Bett;
Und meine fleißige Mutter,
Deine Großmutter, mein liebes Kind,
Die drehte mit achtzig Jahren
Ihr Spinnrad noch flink wie der Wind.

Sie hatte sieben Töchter,
Und jede steuerte sie aus,
Und all das Garn zu dem Linnen,
wir spannen's im eigenen Haus.
Die alten, einfachen Zeiten,
die liegen euch Kindern jetzt fern,
Als ich eurem Großvater folgte,
Da wurde man langsam "modern".

Wie staunten sie in der Gemeinde
Und schalten wohl heimlich sie aus:
Die neue junge Pastorin,
Die brachte ein Sofa ins Haus,
Ein Sofa mit Plüsch schön bezogen,
Welch sündhafter Übermut!
War denn für die junge Pastorin
Die Bank zum Sitzen nicht gut?

Ihr habt gut lachen, ihr Kinder,
Wir waren doch glücklich dabei,
Wir waren zufrieden und heiter,
In Liebe und Freundschaft uns treu.
Glaubt mir, das Geld macht nicht glücklich,
Wir brauchten zum Glücke es nicht,
Und abends fühlten wir wohl uns
Bei schlichtem Petroleumslicht.

Großmutter, ach sähest du heute
Elektrisch strahlen die Stadt,
Die Mädchen sitzen im Hörsaal,
Die Frauen und Kinder zu Rad!
Und hörtest du ringen und streiten
Und fordern das junge Geschlecht,
Und schütteltest still deine Locken,
Und fändest dich nimmer zurecht.

Als deine Lippen es sprachen,
Die Tage liegen so weit,
Es klingt mir im Ohr wie ein Märchen
Aus längst nun vergangener Zeit...
Wir haben jetzt Sofas und Sessel,
Maschinen, elektrisches Licht,
Konzerte und seidene Kleider...
Zufriedener sind wir doch nicht." [37]

Wo ließen sich Märchen besser erzählen, als wenn die Mutter in der Dämmerung das Spinnrad tritt und die Kinder, die ein wenig Ruhe halten sollten, um sie herum sitzen. Das Spinnen spielte eine solch wichtige Rolle im Leben der Mädchen und Frauen, daß in vielen Märchen von fleißigen und faulen Spinnerinnen berichtet wird: "Goldmarie und Pechmarie," "Rumpelstilzchen", "Dornröschen", "Die faule Spinnerin".

Die drei Spinnerinnen

Märchen der Brüder Grimm

Es war ein Mädchen faul und wollte nicht spinnen, und die Mutter mochte sagen, was sie wollte, sie konnte es nicht dazu bringen. Endlich überkam die Mutter einmal Zorn und Ungeduld, daß sie ihm Schläge gab, worüber es laut zu weinen anfing. Nun fuhr gerade die Königin vorbei und als sie das Weinen hörte, ließ sie anhalten, trat ins Haus und fragte die Mutter, warum sie ihre Tochter schlüge, daß man draußen das Weinen höre. Da schämte sich die Frau, daß sie die Faulheit ihrer Tochter sollte offenbaren und sprach: "Ich kann sie nicht vom Spinnen abbringen, sie will immer und ewig spinnen und ich bin arm und kann den Flachs nicht herbeischaffen." "Ei", antwortete die Königin, "ich hör nichts lieber als spinnen und bin nicht vergnügter, als wenn die Räder schnurren; gebt mir eure Tochter mit ins Schloß, ich habe Flachs genug, da soll sie spinnen, so viel sie Lust hat." Die Mutter war's von Herzen zufrieden, und die Königin nahm das Mädchen mit. Als sie ins Schloß gekommen waren, führte sie es hinauf zu drei Kammern, die lagen von unten bis oben voll vom schönsten Flachs. "Nun spinn mir diesen Flachs", sprach sie, "und wenn du es fertig bringst, so sollst du meinen ältesten Sohn zum Gemahl haben; bist du gleich arm, so acht ich nicht darauf, dein unverdrossener Fleiß ist Ausstattung genug." Das Mädchen erschrak innerlich, denn es konnte den Flachs nicht spinnen und wär's dreihundert Jahr alt geworden und hätte jeden Tag von Morgen bis Abend dabei gesessen. Als es nun allein war, fing es an zu weinen und saß so drei Tage, ohne die Hand zu rühren. Am dritten Tage kam die Königin, und als sie sah, daß noch nichts gesponnen war, verwunderte sie sich, aber das Mädchen entschuldigte sich damit, daß es vor großer Betrübnis über die Entfernung aus seiner Mutter Hause noch nicht hätte anfangen können. Das ließ sich die Königin gefallen, sagte aber beim Weggehen: "Morgen mußt du aber anfangen zu arbeiten."

Als nun das Mädchen wieder allein war, wußte es sich nicht mehr zu raten und zu helfen und trat in seiner Betrübnis vor das Fenster. Da sah es

Abb. 36) "Meine Tochter will immer spinnnen. Ich bin arm."

drei Weiber herkommen, davon hatte die erste einen breiten Platschfuß, die zweite hatte eine so große Unterlippe, daß sie über das Kinn herunterhing, und die dritte einen breiten Daumen. Als sie vor dem Fenster waren, blieben sie stehen, schauten hinauf und trugen dem Mädchen ihre Hilfe an und sprachen: "Willst du uns zur Hochzeit einladen, dich unser nicht schämen und uns deine Basen heißen, auch an deinen Tisch setzen, so wollen wir dir den Flachs wegspinnen und das in kurzer Zeit." "Ei, von Herzen gern", antwortete es, "kommt nur herein und fangt gleich die Arbeit an."

Da ließ es die drei seltsamen Weiber herein und machte in der ersten Kammer eine Lücke, wo sie sich hinsetzten und ihr Spinnen begannen. Die eine zog den Faden und trat das Rad; die andere netzte den Faden, die dritte drehte ihn und schlug mit dem Finger auf den Tisch, und so oft sie schlug, fiel eine Zahl aufs feinste gesponnenen Garns zur Erde. Vor der Königin verbarg sie die drei Spinnerinnen und zeigte ihr, so oft sie kam, die Menge des gesponnenen Garns, das diese nicht genug loben konnte. Als die erste Kammer leer war, ging es an die zweite, endlich an die dritte, und die war auch bald zu Ende. Nun nahmen die Drei Abschied und sagten dem Mädchen: "Vergiß nicht, was du uns versprochen hast, es wird dein Glück sein."

Abb.37) Das Mädchen in der Flachskammer

Als das Mädchen der Königin die leeren Kammern und den Haufen Garn zeigte, richtete sie die Hochzeit aus, und der Bräutigam freute sich, daß er eine so geschickte und fleißige Frau bekäme und lobte sie gar sehr. "Ich habe drei Basen", sprach das Mädchen, "da sie mir viel Gutes getan haben, wollte ich sie nicht gern in meinem Glück vergessen; erlaubt doch, daß ich sie zu der Hochzeit einlade und daß sie mit am Tisch sitzen." Die Königin und der Bräutigam gaben gern ihre Einwilligung. Als nun das Fest anhub, traten die drei Jungfern in wunderlicher Tracht herein, und die Braut sprach: "Seid willkommen, liebe Basen." "Ach", sagte der Bräutigam, "wie kommst du zu der garstigen Freundschaft?" Darauf ging er zu der einen mit dem breiten Platschfuß und fragte: "Warum habt ihr einen solchen breiten Fuß?" "Vom Treten", antwortete sie, "vom Spinnradtreten." Da ging der Bräutigam zur zweiten und sprach: "Wovon habt ihr nur die herunterhängende Lippe?" "Vom Lecken", antwortete sie, "vom Lecken!" Da fragte er die dritte: "Wovon habt ihr den breiten Daumen?" "Vom Faden drehen", antwortete sie, "vom Faden dreh'n!" Da erschrak der Königsohn und sprach: "So soll mir nimmermehr meine schöne Braut ein Spinnrad anrühren!"

Damit war sie das böse Flachsspinnen los. [38]

Abb. 38) "Wie kommst du an solch einen großen Fuß? Vom Treten, antwortete sie, vom Spinnradtreten."

Abb. 39) Und er fragte die Zweite: "Wie kommst du an die herunterhängende Lippe?" "Vom Lecken, vom Fadenlecken."

Abb. 40) "Wie kommst du an den breiten Daumen?" "Vom Faden drehen, vom Faden drehen."

Still waren indessen die Menschen in den "Zwölften", den Spuknächten

Die zwölf Nächte füllen genau die Zeit vom Weihnachtstage bis zum Dreikönigstage, und diese heißen vielfach noch die "Zwölften", in anderen Gegenden spricht man auch von den "Heiligen Tagen". Während dieser Zeit ruhte von altersher jede größere Arbeit. Bis in die allerjüngste Zeit hinein war es sogar üblich, in diesen Tagen keine Wäsche zu waschen und zu trocknen; denn wer in den heiligen Nächten den Zaun "bekleidete", d.h. Wäsche reinigte und zum Trocknen auf den Zaun hing, mußte nach dem altüberlieferten Volksglauben im neuen Jahr einen Toten bekleiden. Alle häuslichen Arbeiten, die nicht unbedingt notwendig waren, ruhten, auch Spinnrad und Webstuhl, auch Acker und Feld mußten ruhen. Dann durfte nichts "umgehen", das heißt, sich drehen, vor allem kein Rad am Wagen, noch am Spinnrad; denn das Rad war Symbol der Sonne, des Feuerrades, die gewissermaßen auch ruhte. [39]

Abb. 41) Spinnrad umgeben von Flachsblüten

Mögen auch in zahlreichen Bauernregeln viel Aberglaube und manche krause Vorstellung enthalten sein, so gewähren sie doch überraschende Einblicke in die Auffassungswelt unserer Vorfahren, in ihre vertraute Gemeinschaft mit der Natur, in ihre Naturfreudigkeit und Bodenverbundenheit.

In der Nahegegend läßt man ein wenig Flachs am Rocken, damit die heilige Jungfrau ihn in der Nacht zum Abtrocknen des Jesuleins benutzen kann. Dieser Flachs ist dann ein Heilmittel gegen allerlei Krankheit von Mensch und Tier. [33]

Ein Rezept von 1815

Aus Leinöl und gelbem Wachs bereitetes Pflaster ist gut zur Heilung vieler Wunden. Man nimmt von beiden Teilen gleich viel und läßt es über einem Kohlenfeuer zergehen. [5]

Abb. 42) Die Spinnerin im Mond, Scherenschnitt

Mondgeschichten

Mond ist der einsame blasse goldene Schimmer unter einer Flut von silbernen Sternen. Seine Schatten und Runzeln verkünden phantastische Geschichten, die den Menschen in den Ohren klingen, daß Märchen daraus wurden - vom Mädchen, das seine Aussteuer in Mondnächten spann, und eines Tages, da es im Hellen schlief, sich beim Erwachen auf dem nächtlichen Gestirn wiederfand. Es wurde zur Spinnerin im Monde. Bei Mondwechsel nimmt auch ihr Spinnrokken ab. Wenn der Rocken sehr dick ist und ihre Finger müde sind vom Spinnen, neigt sie ihr Köpfchen zur Seite, so daß ihr langes Haar den Flachs streift und so den Mond verdunkelt. Dann ist auf Erden Mondfinsternis, bis das Mädchen erschrocken zurückfährt. Darum endet die Finsternis oft so plötzlich. [40]

Bis um die Jahrhundertwende florierten in unseren heimischen Dörfern noch die Spinnstuben.

Von einem verderblichen Einfluß der Spinnstube auf die jungen Menschen konnte aber nicht die Rede sein.

Selbst in der Gemeinschaft der Spinnstube wurden auch die jungen Leute, vielfach auch Kinder für das Handwerk begeistert und angelernt. "Gehn die Hände, gehn die Füße nicht, Gehn die Füße, gehn die Hände nicht." (Neckspruch beim Spinnenlernen)

In den Spinnstuben war der Bauer oder Handwerker der "Spinnherr" und seine Frau die "Spinnfrau". Beide hielten auf rechte Ordnung, sie sorgten dafür, daß es wohlanständig und gesittet zuging und boten auch zur rechten Zeit Feierabend. [41]

"In Ostwestfalen und in Wittgenstein war es üblich, daß die jungen Männer am späteren Abend - nachdem die Mädchen fleißig gesponnen hatten - in die Spinnstube kamen. Und dann ging's munter und fröhlich zu. Einer zog die Mundharmonika hervor, und nach seinen einfachen Melodien tanzte alles. Mitunter war es auch eine Teufelsgeige oder ein anderes Lärminstrument, dessen Rhythmus die jungen Leute in Stimmung brachte." [42]

Nicht selten erzählten die Burschen gern noch die eine oder andere Gruselgeschichte, um die Mädchen furchtsam zu machen, damit sie sich gern heimbringen ließen, was jedoch so gut wie immer in allen Ehren geschah!

"Die Jugend machte sich zu der Zeit, da man noch keine Unterhaltungs- und Vergnügungsindustrie durch Bildpresse, Rundfunk und Fernsehen kannte, ihre Unterhaltung und Belustigung selber, schliff in scherzhaften Worten ihr Denken und blieb urwüchsig und originell." [41]

"Damit hatte die Spinnstube vieles zu bieten, was uns, die wir vor allem vorgefertigte Unterhaltung beziehen, verlorengegangen ist." [42]

DE DÜWEL KÜMP

Eine Spinnstubengeschichte von Augustin Wibbelt.

Wo wät hütigen Dages no spunnen? Dat Spinnrad is längst up de Rumpelkammer stellt oder an den Aolthändler verkofft un steiht nu vlicht irgendwo in ne graute Stadt in en fien Damenzimmer, un aoll Beßmoders Niewwelkapp hänk dertieggen. Do könnt se draimen von verliedde-ne Tieden, äs Beßmoder de Niewwelkapp äs höchsten Staot tor Kiärken draug, un äs dat Spinnrad bi Winterdag lustig snurrde, wildeß de Wichter met Lachen un Juken iähre Friggerie sick anvertrueden.

Vaken wören de Friggers söwst tor Stelle, motwiällige Jungens met dat kuotte Piepken in'n Mund; et was iähr owwer dör de Bank mähr üm't Friggen äs üm't Hieroten to dohen. Un wenn kin Mann in'n Huse was, de't Regiment föhrde, un wenn de Aollske ut Gliekgültigkeit oder Lichtsinn dör de Finger keek - oder biätter geseggt, nich bloß een sonnern beide Augen tokneep, dann hadde de Pastor allen Grund, up de Spinnstuowe to schennen un de Moder mankst gründlick de Lewieten to liäsen. Wenn't män holp!

Bi us was auk so'ne Spinnstuowe von düsse Sorte. De Hullerske was Wieddefrau met twee Döchter, un man konn nich seggen, well von de drei de gröttste Fluckster was. Wu vaken was de Pastor dor all west! Auk aobends kamm he wull äs unverhofft de Düör harin, owwer he hät nie wat funnen, bloß enmol ne Mannslüde-Kipp. Well se tohäörde, is he nich gewahr woern, denn kin Mensk hät se bi em afhalt. Von de Stuowe in de Kammer un dann dör't Fenster was en bequemen Utwäg, wenn de unbequeme Besök in de Küeck kamm. Dann konn de aolle Här no so verdreitlick in den Piepkes-Rauk harümsnüffeln, de Hullerske betüerde haug un hillig, de Uoben wör so raikerig, un nicks was haruttokriegen wenn he de Fraulüde de Hölle auk no so heet mok. Ja, de aollen Tieden hadden auk wat an sick, un domols wören de Lüde auk nich alle guottsiälig! De Welt is ümmer so west!

Wat de Pastor nich ferdig bracht hät, dat hät de wille Jans ferdig bracht, een von de undöchtigsten Jungens, de alltied bi Hullers lagg – oder egentlick de auk nich, sonnern de Düwel, den he ziteert hät – oder egentlick de auk nich, sonnern – still, ick mott dat Stück äs de Riege nao vertellen.

Äs enes Aobends wier en drei of veer Gesellen bi Hullers sätten un iähre Undügden driebben, do kaimen se up Hexen un Spöken to küern, womet man sick in domoliger Tied no viell met harümslog. Se glöffen der alle an, de wille Jans män so half, un se wören alle bange doför, de wille Jans owwer gar nich – weinigstens äs he sagg.

"Ick sin vör'n Düwel söwst nich bange", sagg he un spiggede ut twiärs dör de Stuowe. "Laot em män kummen!"

"Nu swieg owwer still!" raip de Hullerske, "met so wat mott man kinen Spaß drieben!"

"Dumm Tüg! Wat giffs mi, Stinken, dann ziteer ick di den Düwel, dat he met Haor un Häörn dör't Fenster kümp!" Dat Wicht schreiede hallup un verschrock sick so, dat iähr de Fahm brack! De annern Jungens föllen sick auk wat unbehaglick bi so'n Spotten un meinden, he soll den Düwel män in Ruh laoten, he könn auk aohnedem wull en Mülken kriegen von Stinken. Genog, een Waort gaff't annere, un de wille Jans wull sinen Mot bewiesen un den Düwel ziteeren met Haor un Häörn, so viell de Hullerske sick auk währde.

Jans namm en Stück Kriede, mok en Kreis midden in de Stuowe un sagg: "So – nu paßt up! Kin Mensk segg en Waort, un wenn he kümp, dann blieft män ganz ruhig, he döht ju nicks, un ick will'n wull wier verdrieben!"

He stall sick midden in den Kreis un murmelde erst allerlei vör sick hen, dann raip he lut: "Satan, komm her!"

Alles bleef still. De Wichter hadden uphäört to spinnen, se stönnen sprunkmaot un drückeden beide Hänn up de Buorst. Auk de Jungens höllen in to rauken un kiecken verdächtig nao dat Fenster.

"Anton", sagg Jans, "si so gutt un mak dat Fenster lok, bloß den enen Flügel, dat häff'k vergiätten. Na, aolle Bangbüx – nu to!"

Anton tögerde en lück, dann mok he dat Fenster lok.

"Satan, – komm her!" raip Jans wier; naodem he erst allerlei in'n Baort brummt hadde, wat kin Mensk verstaohen konn – he söwst waohrschienlick auk nich.
Alles bleef still.
Jans raip no enmol, aohne dat sick wat wees. "He flait di wat," lachede Anton, "sine Beßmoder giff em kinen Verlaif!"
"Satan, komm her!" Dütmol schreiede Jans ut vullen Halse un wull gerade ut sinen Kreis harutspringen un de annern wat utlachen – do passeerde wat Grülicks!

Dat Fenster, wat bloß lok stonn, flaug met Gewaolt laoß, dat de Schieben in de Stuowe klietterden, un ut de Dunkelheit tobuten steeg wat Swatts harup met graute Häörn un liehnde sick wiet dör'st Fenster met'n furchtbar Gebrüll.

Alles fonk an to schreien. De Aollske laip in de Kammer, een von de Wichter ächterhiär, de annere beswogede. De Jungens wüssen nich, wu rask se de Düör harutkummen sollen, un min leiwe Jans met sinen grauten Mot lagg up de Knei in den Kreis un slog een Krüs üöwer't annere.
Up enmol was dat swatte Undier wäg. Un wat was't west? De Sattler un Wittgiärwer Kruse, de faots tieggenan wuhnde. He was gerade ächter't Fenster vörbigaohn un hadde en bittken lustert, äs Jans an't Praohlen was, dat he den Düwel ropen wull. "Waocht," hadde Mester Kruse dacht, "do kann'k di helpen!" He hadde gerade en swatt Kohfell kofft, un graute Häörn sätten dran, wo sick wull en Düwel met todohen konn. Dat Stück was em biätter glücket, äs he dacht hadde, un dorüm sagg he auk naohiär nicks dovon.
De wille Jans was so tamm woern, dat he siliäwe nich wier nao Hullers Spinnstuowe gonk, un de annern auk nich. Wat de Pastor nich trächtkriegen konn, dat brach Mester Kruse sin aolle Kohfell tostanne. [43]

Aus Kleinkraom, Vertellsels in Mönsterländsk Platt. Rheda-Wiedenbrück: Heckmann-Verlag (erscheint demnächst). Erstabdruck 1925. Vorabdruck in De Kiepenkerl 4 (1912).

Abb. 43) "Sobald das Mägdlein spinnen kann, fängt es zu karessieren an"

"Spinne, Mägdlein, spinn,
dann wachsen dir die Sinn,
dann wachsen dir die krausen Haar,
dann wachsen dir die klugen Jahr.
Spinne, Mägdlein, spinn,
dann wachsen dir die Sinn.
"Spinn, Mägdlein, spinn,
so wachsen deine Sinn."

"Des Menschen Geist erschafft,
durch seiner Hände Fleiß und Kraft
aus Flachs vom grünen Hain,
den blütenweißen Lein." [5]

"Liebe Tochter, von Antlitz schön, bewahr zur Freundin Dir das Spinnrad;es hilft treu Dir das Leben hindurch. Und gelangst Du zur Eh', so halt an der friedlichen Sitte Deiner Mutter, dem Mann ist sie das köstlichste Gut."
So dichtete einst Herder.

Liebevoll erinnert sich Clemens von Brentano an solch vertraute Stimmung im Haus: "So lange die Spindel surrte, war Frieden im Haus und Fürsorglichkeit; wenn sie mich manchmal abends schon im Bett glaubte, wachte ich noch und horchte auf das Schnurren ihrer Spindel und ihren rührenden Gesang."[44]

Die reine Form des Rockständers hat in den deutschen Landen eine vielfältige Abwandlung erfahren. Der Spinnrockständer, über dessen oberes Ende das Gespinnst gewunden ist, hat an der gleichen Ausschmückung teil wie das Spinnrad, war aber vielfach noch besonders ausgeziert.

Abb. 44) Spinnerin am Rockenständer. Gemälde von W. Hasemann.

Das Spinnrad

Abb.45) Spinnrad aus Obstbaumholz, gezeichnet: Anno 1865 AS

Das Spinnrad war nicht etwa nebenbei vom Drechsler oder gar Schreiner angefertigt, sondern hatte den sehr geachteten Spinnradmaker zu seinem Schöpfer.

In der Stadt Lünen hieß es allerdings im Gülde-Brief des Drechsler-Gewercks vom 31. August 1776: "Und derjenige Drechsler-Geselle, so Meister werden will, soll zum Meister-Stück verfertigen:
a) Ein Spinnrad mit Zubehör, und einer Flucht mit doppelten Flügeln."[45]

Viele Leute betrieben damals die nützliche Kunst des Handspinnens, und das Spinnrad war eines der wichtigsten Geräte in jedem Dorfhaus gewesen.

Im Osnabrückschen Dörfchen Gesmold war Vater Seling ein vortrefflicher Spinnradmaker. Sein Sohn Johann Math (gest. 1861) lernte das väterliche Handwerk, und er verstand es gründlich. In seinem Liede "Mein Handwerk" heißt es:

"Ji Mesters alle, hört met Gunst!
Ick hör wol nich tor Zunft,
Doch bin eck Mester miener Kunst!
Nau Vorsicht un Vernunft!
Eck maak' een Spinnrad, dat is good.
Un vor wenig Geld!
Wenn sau man alle Mesters dot,
Dann geht et in der Welt." [46]

Da nun in früheren Zeiten fast alle Spinnräder echte Handwerksarbeit waren, ist es nicht verwunderlich, daß in verschiedenen Ländern und Landstrichen verschiedenste Spinnräder gebaut wurden, die dann auch noch verschiedenes Aussehen haben konnten, ganz abgesehen von der Auszierung eines Rades: Farbe, Drechselarbeit und Beineinlage. Meistens waren die alten Spinnräder mit drei Spulen ausgestattet.

Das Hochrad war in Europa zuhause, und man konnte auf ihm alle Fasern verarbeiten. Beim Hochrad befindet sich die Spinneinrichtung direkt über dem Schwungrad. Beim liegenden Spinnrad befindet sich die Spinneinrichtung neben dem Schwungrad und gebraucht darum auch mehr Platz. Beide Spinnräder "Bock" und "Ziege" werden mit zwei unterschiedlichen Antriebssystemen hergestellt. Die eine Technik besitzt einen Antriebsriemen für die Spule - und der Spinnflügel wird durch den Faden mitgenommen.

Beim liegenden Spinnrad zeigt die andere Technik einen Antriebsriemen, der zweimal um das Schwungrad und getrennt dann einmal um die Antriebsscheibe des Spinnflügels und die Spulenscheibe geführt wird.

Bei dem Hochrad kann der Spinnflügel durch eine Stellschraube mit Lederriemen gebremst werden, während beim liegenden Spinnrad durch Spannen oder Nachlassen der Antriebsfäden, die dann mehr oder weniger rutschen, eine Bremsung erfolgen kann.

Vielleicht dürfte es noch erwähnenswert sein, daß neben "Bock" und "Ziege" auch noch ein anderes Spinnrad gebaut wurde. Im wesentlichen war es ausgebildet wie das Hochrad, nur daß neben der ersten eine zweite Spule angebracht war. Das liegende Rad oder die "Ziege" wurde häufiger zum Verspinnen von Werg oder Hede benutzt. Beliebt war der "Bock" zum Verspinnen von Langfasern.

Abb. 46) Hochrad Buche, Eisen Rheinisch, 19. Jahrh.

Abb. 47) Am Doppelrad oder "Hungerrad" konnte man gleichzeitig beidhändig spinnen, um die doppelte Garnmenge zu bekommen.

Abb.48) "Side nich un Goldbesatz, Linnen is min Hochtidsschatz"

Spinnleed

Wenn et buten slackt un sni't,
Kümmt de schöne Spinnetid.
Rädken, leewet Rädken min,
Spinn' den Faden zart un fin!
Surre, surre, surre!
Snurre, Rädken snurre!

Flaß, de blöhde himmelblau,
Drünk sau manchen Drüppen Dau;
He wörd luket, he wörd rirpt,
Knudden sind herunnerstrirpt,
Surre, surre, surre!
Snurre, Rädken, snurre!

Burkemürle! - Weeßt du't nau?
Stampet bist du week un flau.
Nauhdag wörst du dünne makt,
Dürgehirkelt, swungen, brakt.
Surre, surre, surre!
Snurre, Rädken, snurre!

Üm de Spole loppst du nu,
Rädken dreiht sick ohne Ruh' -
Würket west du, bleeket fin
In den Sülbermaunenschin.
Surre, surre, surre!
Snurre, Rädken, snurre!

Kümmt de Brürgem, Nauhwers Hans,
Makt wi twee den Hochtidsdanz.
Side nich un Goldbesatz,
Linnen is min Hochtidsschatz.
Surre, surre, surre!
Snurre, Rädken, snurre! [47]

Die Spinnerin

Ich saß und spann vor meiner Tür,
da kam ein junger Mann gegangen;
sein braunes Auge lachte mir,
und röter glühten seine Wangen.
Ich sah vom Rocken auf und sann
und saß verschämt und spann und spann.

Gar freundlich bot er guten Tag
und trat mit holder Scheu mir näher;
mir ward so angst, der Faden brach,
das Herz im Busen schlug mir höher.
Betroffen knüpft ich wieder an
und saß verschämt und spann und spann.

Er lehnt auf meinen Stuhl den Arm
und rühmte sehr das feine Fädchen;
sein naher Mund, so rot und warm,
wie zärtlich haucht er: "Süßes Mädchen."
Wie blickte mich sein Auge an!
Ich saß verschämt und spann und spann.

Indes an meine Wange her
sein schönes Angesicht sich bückte,
begegnet ihm von ungefähr
mein Haupt, das sanft im Spinnen nickte.
Da küßte mich der schöne Mann.
Ich saß verschämt und spann und spann.

Abb 49) "War‘s möglich, daß ich weiter spann?"

Mit großem Ernst verwies ich's ihm.
Doch ward er kühner stets und freier,
umarmte mich voll Ungestüm
und küßte mich so rot wie Feuer.
Oh, sagt mir Schwestern, sagt mir an:
War‘s möglich, daß ich weiter spann? [48]

Abb 50) Großmutters Gang zur Spinnstube

Die Herstellung des Wockens

Damals, als die Großmutter noch zur Spinnstube ging, setzte sie all ihren Stolz und ihre Ehre darin, das am schönsten geputzte Spinnrad zu haben.

Die Herstellung des Wockens oder Rockens verlangte viel Geschick und Erfahrung; ganz sorgfältig mußte der Flachswocken vorbereitet werden. Das Gespinst durfte nicht zu fest und gar nicht zu locker hergerichtet werden.

Und so wurde es gemacht: Die Spinnerin steckt nun sitzend die zwei Rischen Flachs mit dem zugewikkelten Ende in ihr Schürzenbund und breitet behutsam die Fasern fächerartig in schleierdünnen Lagen hin und her über ihren Schoß. Etwa 12 Rischen (zwei Knucken) verbraucht die Spinnerin, damit die Dieße oder der Wocken sich recht stattlich ausnimmt.

Nun legt die Spinnerin das so entstandene Gebilde quer über den Schoß und gibt den Wockenstab hinein, indem sie das Gespinst vorsichtig um den Wockenstab wickelt.

Die Enden, die hinter dem Schürzenbund stecken, werden mit einem schmucken Band an der Spitze des Wockenstabes festgehalten. Recht kunstvoll wird der Flachs aufgesteckt und vom Wockenblatt zusammengehalten, das man mit langen, bunten, seidenen Bändern verziert.
21

Abb. 51) Wockenband, Schlüsselburg, Krs. Minden

Abb. 52) Brandenburgisches "Rockenband"

Abb. 53) Wockenband aus Bauernleinen, bestickt mit Symbolen

Spinnradpoesie

Jene Wockenblätter, mit bunten Bändern, mit Rosen, Lilien, Herzen und Vögeln in prächtiger oft ungelenker, bunter Malerei geziert, wiesen allerlei Sprüchlein vom Weben und Spinnen auf und taten manche Lebensweisheit kund.

Hier mögen einige derartige Wokkenblattsprüche aus dem Kreise Minden folgen:

Meine Liebe gegen dich
bleibet unveränderlich.

Die Liebe und Treue
uns ewig erfreue.

Nach fleißiger Hand, im Spinnen gewandt,
da kommen die Burschen zu Dutzend gerannt.

Wer redlich sinnt und fleißig spinnt,
dem jedes gute Werk gelingt.

Mein Herz soll dir ergeben sein,
weil ich dich liebe ganz allein.

Wer fleißig spinnt,
auch Garn gewinnt.

Weben und Spinnen
ist gutes Beginnen.

Spinn dicke, spinn dicke,
dat Garn tor Ricke.

Mit frohem Sinn
geh' ich durch's Leben hin.

Spinne, liebe Kleine,
was du spinnst, ist deine.

Glaube, Liebe, Hoffnung,
das Wort in der Mitte ist,
worum ich bitte.

Spinn, Deern, spinn!
Alle Stünne twei Bind.
Alle Minute Haspelfoam,
Deern, lat doch langsam gahn.

Friederike, Friederake,
sprang ober de Brake
met söben teihn Soldaten
Konn't Lachen nich laten.

Holdes Mädchen mit dem Rädchen,
spinn um uns das Liebesfädchen.

Ist eine Hochzeit vollbracht,
wird eine andere wieder erdacht. [49]

Abb 54) "Den Wocken, den du aufgesteckt hast, mußt du abspinnen." Eine Mahnung, die Folgen des Tuns zu bedenken.

Abb. 55) Kunkelschüssel am Spinnrocken

Das Spinnen

"Es ist keine Frau so faul, so krank, am Martinstag hat sie ihren ersten Strang." (Martinstag = 11.11.) [5]

Darum zupften die Finger der Spinnerinnen mit größter Geschicklichkeit Fädchen um Fädchen aus dem Bündel am Rocken und leiteten sie auf die Spule.

Flachs hat etwa bis zu 15 cm lange Fasern. Beim Spinnen kommt es darauf an, daß diese Fasern möglichst gleichmäßig zu einem Faden aus dem Rocken gezogen werden. Das Spinnrad sorgt für den Drall und das Aufspulen des Fadens, während geschickte und feinfühlende Hände der Spinnerin den feinen Faden zogen. Bei dieser Arbeit saßen die Mädchen vielfach auf einem harten Schemel ohne Lehne, und es konnte an manchen Winterabenden unbarmherzig kalt sein. Dann setzte man einen Feuerpott neben das Spinnrad, um zu verhindern, daß die Füße beim Treten des Rades nicht erstarrten. [42]

Am Spinnrade war die Spule mit der Flucht das Wichtigste. An den beiden Armen waren etwa 10 Häkchen angebracht, damit der fertige Faden sich gleichmäßig aufspulen konnte. Um eine Gleichmäßigkeit des Fadens zu erreichen, mußte die Spinnerin gut achtgeben, daß ihr der Drall des Fadens nicht durch die Finger bis in den Rocken hineinlief.

In der Regel wurde der Faden beim Spinnen mit Speichel benetzt; dies war aber nachteilig für die Gesundheit, weil die Spinnerin so täglich 120-150 g Speichel verlor. Um das zu vermeiden, brachte man an den Rockenstab ein Blech- oder Tonnäpfchen an und füllte es mit Wasser oder Bier, in das man ein Stückchen "Gummi arabicum" (Harz, das von verschiedenen Mimosen und Akazienarten kommt) legte, um der Flüssigkeit die erforderliche Klebrigkeit zu verleihen.[11]

Gar manches Mädchen spann sich die Finger wund. Um die Haut hart und unempfindlich zu machen, wurden Daumen und Zeigefinger des Abends mit Birkenöl eingerieben.

Die Mädchen hielten dicke Birkenreiser ins Feuer und fingen das heraustropfende Öl auf der umgekehrten Kohlenschaufel auf und bestrichen damit Daumen und Zeigefinger. [17]

Abb. 56) Fußwärmer 1928, Buche mit Messingbügel, Dekor: Kerbschnitt - Initialien MH

Abb. 57) Der Kunkel (Kunkelschüsselchen), am Spinnrocken angebrachtes Gefäß zum Benetzen der Finger. Stück aus teurem Zinn und außergewöhnlicher Auszier. Aus der Biedermeierzeit aus Süddeutschland

Das Haspeln

Wenn mit viel Geduld und Geschick die Spulen gefüllt sind, muß der gesponnene Faden abgehaspelt werden.

Der Haspel gleicht einem Speichenrade, das statt des Reifens aber auf den Speichen kleine Querhölzer trägt zur Aufnahme der Garnlagen. Nur fünf von diesen Querhölzern haben auf beiden Seiten eine Endscheibe, um das Abrutschen des Garns zu verhindern. Das sechste Querholz dagegen hat die Endscheibe nur auf einer Seite, damit ein Abstreifen des Garns ermöglicht wird. An diesem Querholz befindet sich auch ein kleiner Griff, mit dem man den Haspel in Bewegung setzt. Allerdings ist zu beachten, daß das Drehen des Haspels immer entgegen dem Uhrzeigersinn geschieht. Der Haspel besitzt meistens eine Vorrichtung, die umlaufende Fadenzahl abzumessen.

60 Fäden nennt man ein Bind. 20 Bind bilden ein Stück. Die einzelnen Binde bleiben durch einen herumgeschlungenen Faden, der "Fitzschnur", voneinander getrennt. Der Haspel besorgt sowohl das Bestimmen der Fadenlänge wie auch das Ordnen des Garns.

Abb. 58) Haspel mit Zählwerk

Abb. 59) Das Haspelkreuz in Enger zeigt die vorgeschriebene Größe des Haspels. Es ist in dieser Form einmalig. Da das Haspelkreuz in Enger sehr hoch hängt, nimmt man auch an, daß es nur ein warnendes Zeichen für Falsch-Haspeler war, die unter ihm am Eckpfeiler der Kirche an den Pranger gestellt wurden. Die Verbindung von Pranger und Normalmaß kommt gelegentlich auch an anderen Orten vor. [50]

Abb.60) "Wer haspelt, kann nicht spinnen." (Niemand kann zwei Dinge auf einmal tun) Das Haspeln des gesponnenen Garns, Umgebung Südfelde, Krs. Minden, 30er Jahre

Abb. 61) Trocknen des gekochten Garns im Freien

Die Behandlung des Leinengarns

Ehe man das Leinengarn zum Weben verwenden will, unterwirft man es folgender Behandlung: Jeder Strähn Garn wird einige Male mit Zwirn unterbunden, eine Nacht in Wasser getaucht, geweicht, dann entweder in gesiebter Holzasche umgewendet oder mit solcher Asche schichtweise in einen Kessel gelegt, kaltes Wasser darübergegossen und zwei Stunden gekocht. Hierauf läßt man das Garn abkühlen, spült es in kaltem Wasser rein, wobei es gut ausgestaucht werden muß, zieht es über einen Tisch aus und trocknet es. Schließlich wird die etwa in dem Garn zurückgebliebene Asche rein ausgeschlagen, indem man je zwei Strähnen zusammenlegt und mit einem breiten Waschholze klopft. Oder das Garn wird eine Nacht in Wasser eingeweicht, am folgenden Tage noch einige Male frisches Wasser aufgegossen, abends mit durchgeseihter kochender Lauge gebrüht und am nächsten Morgen ausgewrungen, ausgezupft und getrocknet. Will man aus dem Leinengarn schöne dauerhafte Leinwand herstellen, so muß es gesotten werden. Zu diesem Zweck schichtet

man das Garn bundweise in einen hölzernen Zuber und übergießt es mit soviel warmer Holz- oder Pottaschenlauge, daß die Lauge über dem Garn steht; dann beschwert man dasselbe und läßt es drei Tage an einem mäßig warmen Orte stehen.

Nach dieser Zeit läßt man die Lauge ablaufen, wäscht das Garn in reinem, kalten Wasser aus und trocknet es auf Stangen.

Statt der Lauge kann man auch warmes, mit Kleie vermischtes Flußwasser verwenden. Die trockenen Garne werden in einen Zuber, der dicht an einem Wasserfaß steht und mit einem Zapfen versehen ist, gelegt und abermals mit der erhitzten Aschenlauge gebrüht; mit dem Ablassen und Wiederaufgießen derselben fährt man so lange fort, bis die Lauge gehaltlos geworden ist, wozu sechs heiße und acht siedende Übergießungen hinreichen. Die Flüssigkeit wird am nächsten Tage abgelassen, das Garn mit kaltem, dann mit warmem Wasser ausgewaschen, aufgehängt und auf den Stangen, halb trocken, mehrere Male geschüttelt. [11]

Abb. 62) Trocknen des gekochten Garns auf der Deele, Hof Wissmann, Schildescher Heide, Krs. Bielefeld. Aufn. von 1911

Die Entlohnung der Dienstboten

In früherer Zeit gab es ein genaues Maß für die Spinnarbeit eines Tages.

Das Gesinde und die spinnfähigen Haushaltsangehörigen hatten pro Abend eine vorgeschriebene Menge Garn zu spinnen, was von der Bauersfrau streng überwacht wurde. "Von der groben Hede mußten zwei Stück (zehn Bind), von der feineren zwei Stücke und zwei Bind und von dem feinsten Flachs drei Stücke fertig werden."

Eine fleißige und geschickte Spinnerin, die auf einem Schloß jenseits der Lippe in Diensten stand, die zwei Spulen bedienen, also mit jeder Hand einen Faden spinnen konnte, wurde von der alten Gräfin schlecht entlohnt.

Es wird erzählt: "Die Gräfin kargte mit dem, was sie an Leinen, Wolle und Federn für die Aussteuer ihrem Gesinde zahlen mußte."

Dafür sitzt sie aber alle Nächte und lange schon seit ihrem Tode unter den Bogen der Lippebrücke und klagt: "Kuort Iälle, smal Linnen und Fiärveuh, deuht moiner armen Siäle weuh!"[54]

Abb. 63) Scheffelmaß

In einigen Gemeinden des Tecklenburger Landes hatten die Bauern auch für jeden ihrer Dienstboten ein Stück Land, etwa 1/4 bis 1/2 Scheffelsaat (1 Scheffel = 55 l) groß mit Flachs zu bestellen. Die Bearbeitung desselben sowie das Spinnen des Garns mußten die Dienstboten in ihrer freien Zeit vornehmen, also auch hier abends, wenn sie für die Dienstherrschaft das übliche "Stück Garn" vorzeigen konnten.

Das Leinen jedoch erhielten sie unentgeltlich gewebt. Ferner bekamen sie jährlich außer dem Lohn Schuhe und Hemden und eine Rolle Leinen. Eine solche Rolle maß 16 1/2 Ellen. Das sind nach unserem jetzigen Maß 11 Meter.

Häufig bekamen die Dienstboten auch mehrere Ellen Leinen als Lohn. Da ihnen die Frau des Hauses an ihrer eigenen Elle zumaß, geschah es zuweilen, daß die Mägde bei ihrer "Vermietung" auch auf die Größe der Bäuerin achteten, die zum Abmessen der Leinenbahnen ihren Unterarm zur Hilfe nahm.[52]

Der Zimbertstag

Abb. 64) "Heedweggen sind Krinthenbrötkes, de et blaus up Fastaumd giff". Bernhard Riese, Landdokter

In der ersten Hälfte des vorigen Jahrhunderts wurde in der Grafschaft Mark noch der St. Berthatag gefeiert, am Donnerstag vor Fastnacht. Friedrich Wöste berichtet darüber: Das "Sanct" ist im Niederdeutschen in "Sint", "Sünt" verwandelt und in "Zim" verkümmert. Die heilige Bertha ist hier an die Stelle der Holda, der Beschützerin des Flachsbaues getreten. An diesem Tage, dem Ehrentage der Holda, darf kein Spinnrad gedreht werden, und die Arbeit des Spinnens muß beendet sein. Die jungen Burschen kamen abends mit Spießen bewaffnet auf den Hof und sangen:

"Zimp, zimp, zimp,
Giet (gebt) dem armen Zimbert wat.
Lot ne nit te lange stohn,
He maut noch'n Hüsken förder gohn".

Die Burschen bekamen ein heißes Brot, ein frisches Gebäck, heete Wigge genannt. Bei dem Abzuge der Burschen versuchten die Mädchen, sie mit Wasser zu begiessen. Vielleicht eine sinnbildliche Bedeutung für den Beginn des Bleichens. [53]

"Als wir "so" die Fastnachtsdippen klirren ließen". Das ganze Jahr hindurch sammelten wir Dorfjungen alle Töpfe, die einen Sprung hatten oder zerbrochen waren. In irgendeiner Ecke versteckten wir diese Scherben, als wären sie aus purem Gold. Es ist ein alter Brauch, daß die Kinder auf Fastnacht mit zerbrochenen Dippen (Töpfen) von Tür zu Tür schleichen und mit lautem Krach auf den Steinboden im Hausflur werfen. Manche Leute schoben den Riegel vor, wer aber ein richtiger Bauer war, der riegelte nicht zu. Denn er glaubte: je mehr Scherben er auf Fastnacht in seinem Hausflur zusammenkehren müsse, desto besser wachse im Sommer der Flachs. Das war alte Bauernweisheit.[54]

Vom Volksbrauch im Frühling

Nun werden die Tage länger. Die erste Lerche schwirrt. Wer mag beim Spinnrad noch, ihr Mägd', die Zeit versitzen? Die Mädchen vermögen es nicht, die Aufmunterung aus dem Lied der kleinen Meise zu überhören:

"Spinn dicke, spinn dicke!
Alle Dage drei Stücke."

Die Erde bricht auf und will gegraben sein. Die beliebteste Frühlingsheilige feiert am 17. März ihren Tag.

"Gertrud mit der Maus, treibt die Spinnerinnen raus."

In ganz alten Bauernkalendern findet man St. Gertrud mit einem Spinnrocken abgebildet, an dem zwei Mäuse hinauflaufen. Die Legende sagt, der Teufel habe St. Gertrud in Mausgestalt vergeblich zur Ungeduld versucht. Ihr Attribut will sagen, daß die Arbeit im Hause nun endlich aufhört und die Feldarbeit beginnt. [54]

Abb. 65) St. Gertrud mit den Mäusen. Seit etwa 1400 sind derartige Darstellungen volkstümlicher Religiösität bekannt. Ursprung der Redensart "Da beißt keine Maus (k)einen Faden ab."

Abb. 66) "Ich kann nicht spinnen, Ich kann nicht sitzen. Im Stübchen innen. Im engen Haus. Es stockt das Rädchen. Es bricht das Fädchen. O süße Mutter, ich muß hinaus!"

Abb. 67) Neben der Bibel und dem Gebetbuch war der Kalender das einzig Gedruckte. Er gab u. a. Auskunft über das Wetter und die Festtage. Der Gertrudentag wird oft durch zwei Mäuse an einer Spindel dargestellt

II.

Spinnen und Weben- Das war ihr Leben

"Leinen ist ein Gewebe, das sich im längsten Dauertest der Kulturgeschichte hervorragend bewährt hat."[1]

Der Flachs gehört zu den ältesten von Menschen kultivierten Pflanzen. Seine Heimat ist Westasien. Nahezu für alle Kulturkreise läßt sich sein Anbau und seine Verarbeitung nachweisen. Im 5. und 4. Jahrtausend vor Chr. wurde in Babylonien Flachs zur Faser- und Ölgewinnung angebaut.

In Ägypten fand man in Gräbern (im Grabe Tutenchamuns, um 1350 vor Chr.) einen Fingerhandschuh aus Leinen, der unserer heutigen Form ähnelt. Ebenso Pflanzenreste aus dieser Zeit und Wandmalereien aus dem 3. Jahrtausend vor Chr. zeigen Darstellungen der Flachsbehandlung.

Die Römer gaben dem Flachs den Namen "Linum usitatissimum". In dieser Bezeichnung, Lein, der sehr Nützliche bzw. der sehr Gebrauchte, kommt die hohe Wertschätzung dieser Öl-Gespinst- und Heilpflanze zum Ausdruck.

Auch in Mitteleuropa war der Flachsanbau seit der Jüngeren Steinzeit 4000-3000 vor Chr. bekannt. Stricke, Netze, Gewebereste und Samen fand man u. a. in Pfahlbauten am Bodensee. Der Geschichtsschreiber Tacitus berichtet von Leinengewändern, die die germanischen Frauen als hauptsächliche Kleidungsstücke trugen.

Abb. 68) Altägyptische Darstellung der Flachshechelei (Mitte), der Flachsspinnerei (rechts) und der Leinenweberei (links)

In den Sprüchen Salomons im Alten Testament bildet das Spinnen und Weben das Hauptmerkmal der Frau.

"Eine starke Frau, wer wird sie finden? Ihr Wert gleicht den Dingen, die von weit her kommen, von den äußersten Enden. Sie trägt Sorge für Wolle und Flachs und schafft mit kundiger Hand. Noch ist es Nacht, da steht sie auf, gibt Nahrung ihren Hausgenossen und Speise ihren Mägden. Sie merkt und sieht, wie gut ihr Werk gedeiht. Selbst des Nachts erlischt nicht ihre Leuchte. An Großes legt sie ihre Hand, und ihre Finger ergreifen die Spindel... Sie fürchtet nicht Schnee und Kälte für ihr Haus, denn all ihre Hausgenossen sind doppelt gekleidet. Dekken und Gewänder verfertigt sie, von feinem Purpur und Linnen ist ihr Kleid..".[3]

Abb. 69 und 70) Das Lob des tugendsamen Weibes, wie es nach den Sprüchen Salomons im Alten Testament dargestellt wurde

Die Leinenindustrie im Tecklenburger Lande

Heute ist Qualitätsleinen so modern wie vor Jahrtausenden, als die Menschen mit der Weberei begannen.

Das Spinnen und Weben geschah in alter Zeit nur in der Hausgemeinschaft für den eigenen Gebrauch. Erst später wurden Spinnerei und Weberei handwerksmäßig ausgeübt.

Schon im Mittelalter gab es in Deutschland, vor allem in Schlesien, Westfalen und Thüringen ein blühendes Textilgewerbe.

Die ersten Spinnwerkzeuge waren die Spindel und der Wirtel, deren Benutzung gewandte Hände und viel Geduld erforderten. Um 1530 wurde von dem Steinmetz und Bildschnitzer Johann Jürgen aus Watenbüttel bei Braunschweig das Spinnrad erfunden, das der Spinnerei zu einem allgemeinen Aufschwung verhalf. Aber ein Spinnrad nach den heutigen Begriffen war es noch nicht. Es dauerte eine geraume Zeit, bis das neue Spinnwerkzeug sich zu dem Tretspinnrad entwickelt hatte, das wir alle kennen.

Die auf den Äckern der Bauern gezogenen Flachs- und Hanfpflanzen wurden nach der erforderlichen Bearbeitung in den Bauernstuben von Frauen, Männern und oft auch Kindern zur Winterzeit zu Garn gesponnen, dann zu Leinwand gewebt, die dann, soweit sie nicht für den eigenen Hausgebrauch und für die Aussteuer der Kinder und als Lohn für die Dienstboten nötig war, an die Leinenkaufleute verkauft wurde, die fast in jedem Orte des Tecklenburger Landes ihr Geschäft hatten.[4]

Von den Leinenwebern

Das kleinste Dorf hatte früher aber auch seinen Weber. Es war nicht schwierig, sein bescheidenes Häuschen ausfindig zu machen. So war am Hause eines Webers zu lesen:

"Es nennt die Schrift in Gnaden
Den Weber und die Faden,
Die Spuhl und Weberbaum,
So weiß ich, Gott denket meiner,
Ob auf der Welt auch keiner
Mich kennen wollt und gönnen
Raum." [5]

Leineweber waren immer fleißige und betriebsame, aber oft auch unruhige Leute. Unermüdlich machte der Weber aus den vielen handgesponnenen Fäden eine ausgezeichnete Leinwand, die nicht totzukriegen war; ein gutes Hemd hatte man fürs Leben. Während der Wintermonate arbeiteten viele Weber zu Hause bei der Familie. In der guten Jahreszeit waren sie auf dem Feld zu finden oder übten einen anderen Beruf aus.

Die Werkstatt des Meisters lag manchmal etwas tiefer als das Erdgeschoß. Der gestampfte Lehmboden spendete die unerläßliche Feuchtigkeit, die für die Festigkeit des Fadens nötig war. Der Meister webte mit der gleichmäßigen Bewegung vom Morgen bis in die Nacht, begleitet vom eintönigen Geklapper. Hatte der Weber keinen Gehilfen, so ging ihm seine Frau zur Hand. Sie spulte den Faden auf die Spule; sie richtete dann die Spulen mit dem Faden, der in die Schiffchen kommt - und wenn Not am Mann war, konnte auch die Frau den Platz am Webstuhl einnehmen.[6]

Abb. 71) "Unverworren haben es die Leineweber gern" (Alles muß seine Ordnung haben)

De Wiäwestohl

von August Hollweg

Klipp, klapp, klipp klapp klippt sin Leed,
Klipp, klapp, klipp, de Wiäwestohl,
Löpp und flött, klapp, klipp, klapp
Stunn' üm Stunn' un Spol' üm Spol'.

Dör de Lade blink un blank
Flink dat spitzke Schippken schütt,
Här un hen un hen und här,
Jüst äs wenn't de Düwel ritt.

"Schippken, häß du gar kin Tied?
Kanns du nich wat sachte gaohn?
Moß du alltied äs de Blitz
Fleigen dör dat Kiedengaorn?

Sühs jä nicks un häörs jä nicks,
Geihs bloß ümmer eenen Patt,
Ümmer här und ümmer hen;
Wäds du dat dann gar nich satt?

Kiek doch äs den Kiedenbaum!
De geiht alltied sinnig, sacht,
Dreiht sick still un langsam rund,
Dreiht sick ümmer met Bedacht.

"Langsamgaohn kümp auk torecht,
Is de Wegg auk nao so wiet;
alle gueden Wiärke willt
Häbbe ähre guede Tied."

"Häß wull recht, du Niäsewieß,"
flink das Wiäweschippken segg;
töwt en Päösken, krigg 'ne Spol'
un jägg wieder sinen Wegg.

Hen un här un här un hen,
ümmer to den glieken Draff,
beß de niee Spol' ähr Gaorn
rullt un riewelt wier aff.

"Langsamgaohn kümp auk torecht,"
sinnig dao dat Schippken sagg,
"Langsam rullt sick aff dat Jaohr,
rasker aower löpp de Dag!"

So gaoht alle ähren Patt,
eene rask un eene sacht;
Alle Wiäg' gaoht gued to End',
wenn se gaohn wärd met Bedacht!

Kiedenbaum, dat is de Tied,
Schippken sin ji Mensken all.
Dör ähr sinnig sachte Dreihn
fleig und raos ji up un dahl.

Spölken, Menskenkind, biß du,
Du un diene Liäbenstied.
"Kiek, dao staoh ick all wier still!
Jä, dat Spolgaorn löpp nich wiet!"

"Wiäwer aower is de Här
buoben in de Ewigkeit,
de dat Kied- und Spölkesgaorn
sinnig dör de Finger dreiht."

Von den Gilden

Aus dem Coesfelder Raum wurde berichtet: "Die Leineweber bildeten lange keine Gilde, weil ihre Kunst nicht als ein Gewerbe angesehen, vielmehr allgemein war und in jedem Bauern- und Bürgerhaus geübt wurde.

Infolge des immer steigenden Leinwandhandels hatten jedoch gegen Ende des 16. Jahrhunderts viele angefangen, sich lediglich mit dem Weben zu beschäftigen und dazu Knechte und Lehrlinge zu halten. Über diese beschwerten sich fortwährend die Leinwandhändler, weil sie allerhand Praktiken gebrauchten, der Leinwand nicht die gehörige Breite gäben und durch ihre schlechte Ware, womit sie unmittelbaren Handel nach Holland trieben, das Coesfelder Linnen in Verruf brächten.

Die Weber beklagten ihrerseits, daß die Leinwandhändler durch allerlei Mittel und Kunstgriffe die Preise drückten, wodurch sie genötigt würden, sowohl für geringes Geld geringe Ware zu liefern, als auch dieselbe in Holland abzusetzen.

Die Folge dieser Beschwerden war endlich im Jahre 1614 die Errichtung einer Linnenwebergilde, in deren Rolle ausdrücklich befürwortet wurde, daß es nach wie vor jedem Bürger gestattet bleibe, so viel Webstühle in Gang zu setzen, als er wolle; jedoch sollten nur Gildegenossen Lehrlinge annehmen, die für andere um Geld weben." [8]

Meist war es üblich, das weibliche Geschlecht ganz von der Ausübung der Gewerbe auszuschließen. Bei den Leinewebern, Wollwebern und Schneidern, der weiblichen Beschäftigung entsprechende und sehr verwandte Handwerke, wurden indessen auch Lehrmädchen zugelassen. In Köln, Dortmund, Wesel und Warburg geschah dies: hier konnten Frauen jene Handwerke erlernen, wenn gleich nicht immer zu gleichen Rechten.[9]

In Lünens vergangenen Tagen schlossen sich die Handwerker allerdings schon früh zu Gilden oder Ämtern zusammen. Zweck dieses Zusammenschlusses war Schutz und Hebung des Handwerks, Sicherung gegen Konkurrenz, Festlegung der Löhne resp. Preise, der Arbeitsbedingungen usw. Es bestanden in Lünen Gilden für Bäcker, Schmiede, Wollweber, Leineweber, Schuhmacher.

Die Leinenmeister hatten in Lünen die Aufgabe, das am Ort hergestellte Leinen zu prüfen. Im Jahre 1719 wohnten in Lünen:

16 Wolltuchmacher (Wüllner)
17 Kaufleute und Krämer
33 Leineweber
1 Blaufärber
5 Drechsler und Stuhlmacher[10]

Marktmeistern oblag die regelmäßige Prüfung der Ellen, Maße und Gewichte der Händler an den Markttagen; ein Zeichen dafür, daß Lünen damals noch eine Handwerkerstadt mit starkem Ackerbürgereinschlag war.[11]

Das Drill- und Leintuchmacher-Amt.

Der Schutzpatron des Drill- und Leintuchmacher-Amtes war der hl. Severinus, dessen Bildnis die eine Seite der Kirchenfahne schmückt. Auf der anderen Seite erblickt man den hl. Paulus. Das Amtssiegel trägt ebenfalls diesen Heiligen, unten liegen in Kreuzform zwei Spulen. Die Pflichtversammlung des Amtes fand statt am Feste Peter und Paul. Die Meisterprüfung bestand in der Anfertigung eines feinen Leinwandstückes. Die Statuten enthielten 34 Paragraphen, in denen die Amtspflichten der Meister, Gesellen und Lehrlinge sowie die Lohntaxen geregelt und bestimmt wurden. Am 17. April 1695 beschloß das Tuchmacher-Amt in einer auf dem Rathause abgehaltenen Versammlung, daß die Lohntaxen von Wiedenbrück und Rheda einheitlich festgesetzt werden sollten. Es wurden dann zwischen den Tuchämtern der Städte Wiedenbrück, Rheda und Warendorf diesbezügliche Vereinbarungen getroffen. Um eine größere Einigkeit der Zunftmitglieder zu erzielen, faßt man 1721 den Beschluß, daß kein Mitglied des Amtes in irgend einem Betriebe oder einer Werkstatt einer anderen Berufsklasse einen Dienst annehmen dürfe.

Die am 11. Juni 1723 auf dem Rathause tagende Versammlung erließ an jedes Mitglied den Befehl, am Pflichttage der Zunft dem Meßopfer zwischen 5 und 6 Uhr beizuwohnen, um Gott zu bitten, im kommenden Jahre die Arbeiten des ganzen Amtes zu segnen und die Amtsbrüder "vor Feuer und Wasser, vor Armut und Schande, vor Ketten und vor Bande" zu bewahren.

Abb. 72) Um 1847, gleich nach der Märzrevolution, gründeten die Freckenhorster Weber einen Verein. Trotz des Niedergangs der Hand- und Hausweberei schafften sie sich mit gewissem Stolz und Standesbewußtsein als äußeres Zeichen ihrer Verbundenheit eine Vereinsfahne an. Darauf steht zu lesen: "Hoch lebe der Weberstand". Die Zunftzeichen, Schere und Fadeneinholer sowie zwei Weberschiffchen zieren diese Fahne, die heute im Belegschaftsraum der traditionsreichen Firma Zurwieden in Freckenhorst einen würdigen Platz gefunden hat.

Alte Maßeinheiten

Mit großer Zähigkeit hat damals die bodenständige Bevölkerung im örtlichen Gebrauch an den altüberkommenen Maßeinheiten festgehalten.

Bei der Gemütlichkeit des früheren Handelsgebrauches und dem Anschauungsbedürfnis der ländlichen Bevölkerung lag es einfach nahe, die Maßeinheiten aus ihrer Umgebung zu nehmen. Da die Menschen die Maße am eigenen Körper immer bei sich hatten, schienen ihnen diese besonders geeignet.

Heute ist es ganz verdrängt, das kleine Maß, das früher eine ganz große Bedeutung gehabt hat: die Elle. Als Elle bezeichnet man am menschlichen Körper den Umterarmknochen an der Kleinfingerseite. Da die Elle eine besondere Bedeutung im Tuchhandel hatte, kam sie als Längenmaß in allen Kulturstaaten zur Anwendung, weist aber auch am auffälligsten auf die Ungenauigkeit der in der damaligen Zeit benutzten Maße hin.

So gilt die preußische Elle im Verhältnis zum Meter 66,69 cm, die Kölner Elle 59 cm, die Berliner Elle 66 cm, die Hamburger Elle 57,31 cm, die Brabanter Elle 70 cm, die Augsburger Kammerelle 60,64 cm; auch im Münsterlande waren verschiedene Ellenmaße bekannt. Manche Orte hatten sie als örtliches Eigenmaß an der Kirchenmauer oder am Rathaus angebracht.[12]

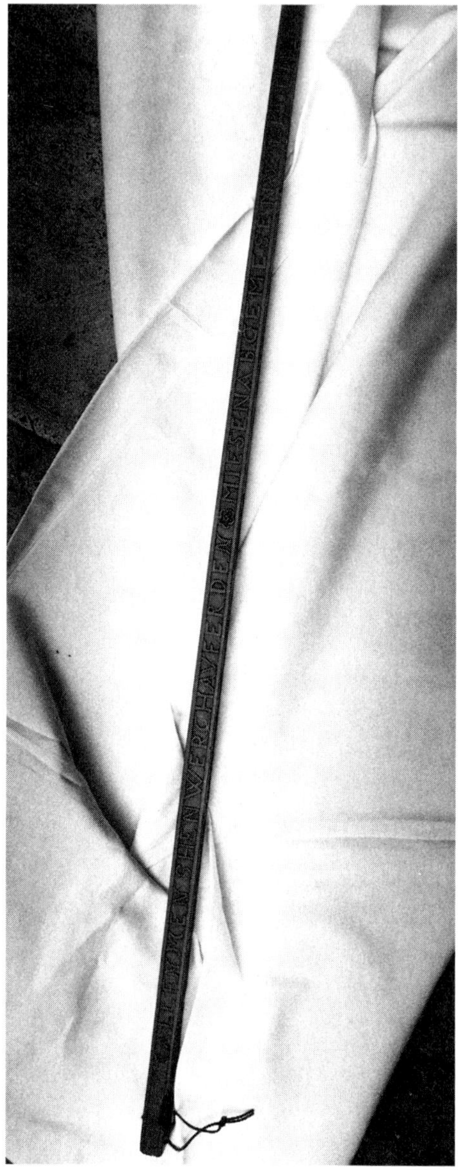

Abb. 73) Elle (17. Jahrh.) aus Schlesien Vierkantholz, 1. Seite Handwerkszeug des Schreiners, 2. Seite Marterwerkzeug, 3. Seite Ellenmaß mit Flachsblüten, 4. Seite. Spruch: "Alle Menschen Werch auf Erden missen abgemessen werden"

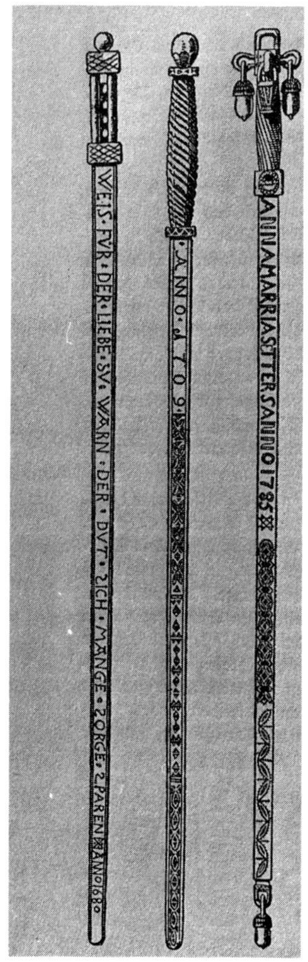

Abb. 74) Niedersächsische Ellen

Die Legge

In der damaligen Zeit war es üblich, daß das verfertigte Leinen verkauft wurde. Man brachte es zur Legge (Legge von legen) nach Tecklenburg. Dies war wie andernorts eine öffentliche Schauanstalt und die Legge in Tecklenburg wohl die älteste in Westfalen.

Von erfahrenen Meistern wurde das von der bäuerlichen Bevölkerung hergestellte und angelieferte Leinen auf Maß und Qualität geprüft und abgestempelt. Für jeden Kaufmann, der im Tecklenburger Lande mit Leinwand handelte, stand auf der Legge eine Kiste bereit.
"Tecklenburger Löwentlinnen" und das Leggezeichen, ein Stempel, welcher eine Krone und das Wappen der Stadt Tecklenburg mit der Jahreszahl 1664 zeigte, war für die Ware von vorneherein eine gute Empfehlung. Erst im Jahre 1845, nach fast 200 jährigem Bestehen, wurde die Legge in Tecklenburg aufgehoben.[13]

Im vorigen Jahrhundert bedeutete der Leinenverkauf neben dem Ver-

Abb. 75) Tecklenburger Leggestempel

trieb von selbstgefertigten Holzlöffeln für die Bauern im Amt Rhaden eine zusätzliche Verdienstmöglichkeit.

Für den Eigenbedarf brauchte man die hergestellte Leinwand für Bettwäsche, Tischtücher, Handtücher, Hemden und vor allem für das Arbeitszeug. Alles Leinen, was man eben erübrigen konnte, brachte man zum Verkauf an die Legge in Herford, im Ravensbergischen. Auch den Dienstboten bot sich dort die Möglichkeit, einen Teil ihres aus dem verdienten Flachs hergestellten Leinens zu veräußern. [14]

Im 18. Jahrhundert waren nachweislich etwa 150 Leinenweber in Freckenhorst ansässig. Die Hausindustrie stand in hoher Blüte. Für gutes Leinen gab es gutes Geld. Neben der Legge in Münster war das Damenstift für die Leinenweber eine willkommene Absatzstelle. Von hier aus wanderte das Freckenhorster Leinen in manche Brauttruhe des Adels. Die jungen Weber fühlten sich durch ihren "feinen Umgang" wohl selbst manchmal wie Herren, Grafen und Fürsten. Wenn sie ihre gute Ware im Damenstift vorführten und ablieferten, war wohl die eine oder andere der adeligen Damen einem Scherz oder einemTänzchen nicht abhold, zumal die Stiftsdamen ja keine eigentlichen Ordensgelübde abzulegen hatten.

Abb. 76) Hochzeitsgabe. Selbstgewebte Leinwand, kunstvoll zusammengerollt, mit rot und blau in Kreuzstich gesticktem Schmuckband umbunden, 18/19. Jahrh. , H 16 cm. B 24 cm, T 18 cm

Freckenhorster Weberlied

Abb. 77) Freckenhorster Weberlied, Bildefolge aus Scherenschnitten von Ursula Rudolph, Freckenhorst

Text und Noten des Weberliedes, aufgezeichnet 1842 von "Fräulein Nettchen Droste von Hülshoff, gehört im Damenstift zu Freckenhorst, wo fast nur Weber wohnen und treffliche Leinwand gemacht wird." Als junges Mädchen hatte Annette öfter bei ihrer Tante Dorothea von Haxthausen zu Besuch im Freckenhorster Damenstift geweilt. Wahrscheinlich hat sie bei einer dieser Gelegenheiten das Lied singen gehört, dessen Text und wehmütige Melodie aus dem 18. Jahrh. stammen. Wer aber hat das Lied gemacht? Erfanden es die Leineweber oder gar die Stiftsdamen?

Zur 850-Jahrfeier in Freckenhorst hat Ursula Rudolph dieses alte Weberlied neu entdeckt. Mit künstlerischem Geschick hat sie dieses Lied mit einer Bildfolge aus Scherenschnitten geschmückt. Sie zeigt den Weber bei der Arbeit am Webstuhl, beim Spielen und Trinken, beim Tänzchen mit zwei Stiftsdamen und zuletzt beim Abliefern der Ware, den Lohn in Empfang nehmend. Aufgebaut ist das Lied auf der Silhouette des alten Freckenhorst mit Kirche, Abtei, Kreuzgang und Weberhäusern. Verbunden und eingebettet liegt das alles in den Ranken der "schönen roten Rosen" des Liedes. Das Freckenhorster Kreuz und hellblaue Flachsblüten krönen das Bild, Wappen und Weberschiffchen finden sich im Beiwerk.

Von Leinwandhändlern

Nicht selten formten Leineweber und Bauern durch ihren Fleiß, ihre Bodenverbundenheit und ihre Zähigkeit das Wesen und die Geschichte ihrer Heimat.

In der ehemaligen Grafschaft Tecklenburg waren die Menschen bitter arm. Darum mußten die Männer sich als Grasmäher und Packenträger ihren Unterhalt in Holland verdienen. Auf diesem Wege nahmen die "Hollandgänger" das hochwertige Tecklenburger Leinen mit, um es dort abzusetzen. Da diese Leinwand sehr begehrt war, entwickelte sich ein reger Handel. Die außergewöhnlich tüchtigen Hausierer, die Tüötten, aus den Orten Mettingen, Recke und Hopsten, knüpften vielfältige Beziehungen im Nachbarland an. Dadurch fand ihre Heimat im 18. Jahrhundert schon Anschluß an den Welthandel. Die großen Kaufhäuser wie Boeker, Hettlage und Brenninkmeyer haben hier ihren Ursprung. Träger dieser Namen zogen vor Jahrhunderten als "Strücheltiötten" durch die Lande. Bei ihrem schweren Gepäck mag der Gang der Packenträger oft einem Straucheln geglichen haben, weshalb ihre Tätigkeit auch als "Strückeln" bezeichnet wurde.

Abb. 78) Ravensbergische Leineweber um 1842

Abb. 79) Dank der guten Qualität war auch das Leinen der Willinger Linnenkerle ein begehrter Artikel, und sie waren gern gesehen. So beschwerlich auch ihr Tagewerk war, es brachte Geld ins Dorf. Das Bild zeigt drei Linnenkerle, in der Mitte Friedrich Behle aus Willingen, gest. 1967, den ich noch in meinem Elternhaus erlebte, in ihren blauen Kitteln und vollgepackten Pucken.

"Ihre Muttersprache war das westfälische Platt. Bargunsch oder Humpisch nannten die wandernden Kaufleute ihre Geheimsprache, die so geheim gewesen sein soll, daß nicht einmal die Ehefrauen von ihr wußten." [15]

Überall, wie auch in der Dülmener Gegend, wo die Leinenverarbeitung heimisch war, zogen die Leinenhändler mit ihren Kiepen umher; vielfach war das benachbarte Holland auch ihr Ziel. Zeitweilig gab es gegen 20 Leinwandhändler in Dülmen.

Auch das Upländer (das waldeckische Upland, in der nordwestlichen Ecke Hessens gelegen) Leinen wurde gern gekauft. Seit etwa 200 Jahren waren die "Linnenkerls" in vielen Teilen Deutschlands bekannt. Auf dem Rücken trugen sie die schweren Kiepen oder wie man sie im Upland nennt - "Kötzen" - mit dem selbst gewonnenen und selbst gesponnenen Leinen. Mit der aufsteigenden Sonne im Frühjahr zogen sie über die Berge. Nach einem ungeschriebenen Gesetz hatte jeder der "Linnenkerls" seinen Bezirk, der sich von Generation zu Generation vererbte.[16]

Abb. 80) Weben war überwiegend Arbeit der Männer, doch auch Frauen und Kinder erlernten den Betrieb der "Stühle". In manchen Familien wechselten sich sämtliche Mitglieder bei der Arbeit ab.

Vom Weben im Hause

Obwohl der größte Teil der hergestellten Leinwand verkauft wurde, arbeitete man auch fleißig für den eigenen Schrein.

"Ihr deutschen Frau' n füllt jedes Fach in euren Schreinen, mit eurer Heimat schönsten Schatz, dem deutschen Leinen."[17]

Mit wieviel Mühe, Geduld und Ausdauer haben unsere Mütter und Großmütter auch hier in unserer Heimat den feinen Faden gesponnen und das blütenweiße Leinen, deftig und stark, auch vielfach selbst gewebt.

Waren alle Vorbereitungen für ein Beginnen der Webarbeit getroffen, so klapperten wochen- und monatelang ununterbrochen in allen Häusern die Webstühle. Das Weben war wirklich eine sehr anstrengende Beschäftigung. Abwechselnd mußte die Weberin mit ihren Füßen die beiden sogenannten Tretspäne bedienen, während das von ihren Händen geworfene Webschiffchen unaufhörlich von rechts nach links und umgekehrt durch die Scherung laufen mußte. Dabei hatte die Weberin nach jedem Wurf und dabei abwechselnd mit der linken und mit der rechten Hand mit Hilfe der Kammlade jeden Faden, der durch die Scherung geworfen war, fest gegen das schon fertiggewebte Leinen zu klopfen. Bei dieser Tätigkeit ruhte die Weberin mit der Brust gegen den Webebaum, über welchen das fertige Leinen auf die Lakenrolle geleitet wurde. [18]

"Auf größeren Höfen im Münsterland oder im Osnabrückschen stand unten auf der Deele ein großer Webstuhl, keiner von der Sorte, wie sie zur häuslichen Selbstversorgung benutzt wurden, sondern einer für professionelle Bedienung. Die Bauern mieteten sich oft ein Webermädchen, das im Anschluß an die winterlichen Tätigkeiten der Flachsverarbeitung (ab Januar) das gewonnene Garn zu Leinwand verschiedener Qualitäten verwebte, für den Eigenbedarf des Hofes, für den Teil des Gesindelohnes, der aus Leinwand bestand oder zum Verkauf." [19]

Abb. 81) Webstuhl,18. Jahrh. Stadtmuseum Werne

Ein fleißiges "Wüörkemädchen" webte täglich 5 bis 6 Ellen Leinen und verdiente dabei wöchentlich einen Taler. Für die damalige Zeit war das ein guter Lohn. Wenn dann solch ein "Wüörkemädchen" 10 bis 12 Jahre hindurch diente, konnte es sich einen artigen Brautschatz erwerben, und durch diese Fertigkeit mit Eifer und Fleiß verbunden, ein lebendiges Kapital sich schaffen, wobei die Chancen nicht gering waren, eine gute Heirat zu tun.

Wollte man ein Mädchen, das Geld hatte, treffend bezeichnen, so hieß es:
"Det hett noch watt int Innkästken."

Bauernleinen

Abb. 82) Alter, bunter Bettwäschebestand, teils handgewebt für den Gebrauch im Winter bestimmt. Bett- und Kissenbezüge. Zwei Kissenbezüge aus Leinen mit handgesticktem Bandspruch in rotem Vierfachgarn gestickt, dabei beidseitig umhäkelt

Aus der Mitte des vorigen Jahrhunderts gibt eine anschauliche Schilderung einen überaus interessanten Einblick in die Arbeit mit dem Bauernleinen. Selbstgesponnenes Hausmacherleinen erfreute sich größter Wertschätzung und war der größte Stolz jeder Bäuerin, die diesen Schatz sorgsam aufzubewahren pflegte.

"Bi Lütke Deerms iß alltied flietig spunnen wuorden", sagte die Bäuerin und fuhr fort: "Wi hebbt wat Linnenwiärks, dat iß noch von aollen Deerm siene Urankemoder her."

"Dao heff wi noch een Disklaken von in Huse, von den allerfiensten Damast, dao iß't ganße Lieden Christi inwiäwet. Et iß noch so gued eß nie. Un hier, in düt graute Koffer verwahr wi dat ungeschniedene, fine, schlichte Linnen. Un hier, in dütte heff wi noch een paar Stück Giärstekäön un Gauseaugen un auk wat för Drügeldöke." "Jau, wie sind hier up Lüttke Deerm's Hof gued in de Wehr met usse Linnenwiärks, dat mot'k sölwen seggen, ick heff deraower auk wahnen Spaß an."[20]

Abb. 83) In diese Truhe legte man zur Aufbewahrung Wäsche und Leinen und sonst mancherlei Aufhebenswertes. Diese eichene Stollentruhe stammt aus dem Ende des 18. Jahrh.

Vom Aufbewahren

"Den Truhen unserer Altvorderen, die den Reichtum der Frauen und Mädchen bargen, ist der Schrank, Schrein, der Laden, das Spind gefolgt. Behufs Aufbewahrung der Leinwand legte man dieselbe gerollt in Koffer oder Kisten, welche an einem trockenen, luftigen Orte stehen sollten. Geblaute und gestärkte Leinwand mußte man vor der Aufbewahrung erst waschen und rollen, weil sie sonst vor der Zeit mürbe werden würde. Man bewahre aber die Leinwand nicht zu lange auf, weil sie durch zu langes Liegen an Haltbarkeit verliert. Sie hält sich nur 12 Jahre völlig in unverdorbenem Zustande; dann nimmt sie nach und nach an Güte ab

und wird schwach und mürbe, wenn man sie nicht jedes Jahr einmal wäscht und bleicht." [21]
Wieviel häuslicher Sinn, wieviele weibliche Tugenden und wieviel Poesie verkörpert sich im Wäscheschrank. Wer fühlte nicht den Wert der emsig in bescheidener Stille schaffenden Hausfrau beim Anblick eines wohlgeordneten Wäschevorrats, wer empfände nicht den Hauch der Poesie, dem der Dichter Friedrich von Schiller die schönen Worte leiht:

"Sie füllet mit Schätzen die duftenden Laden.
Und dreht um die schnurrende Spindel den Faden.
Und sammelt im reinlich geglätteten Schrein,
die schimmernde Wolle, den schneeigen Lein." [22]

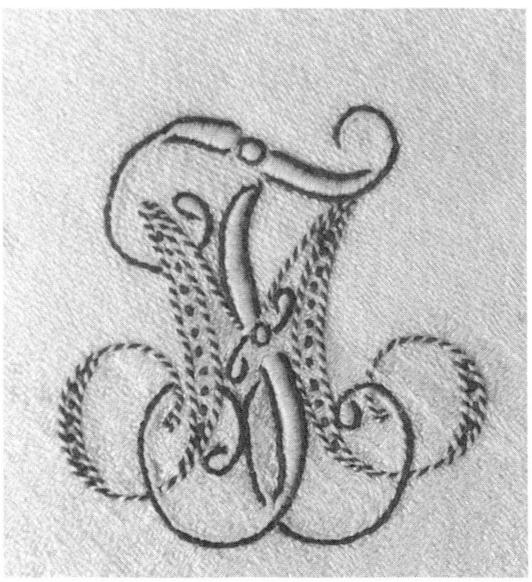

Abb. 84) Monogramm MF für Servietten

Abb. 85) "Und füllet mit Schätzen die duftenden Laden"

Großmutters Wäscheschatz

Abb. 86) Original münsterländischer Kleider-Wäscheschrank um 1830

"Großmutter besaß eine Wäschekommode, es war ein stabiles Möbelstück aus massivem Eichenholz und hatte große Schubfächer. Es erforderte ordentlich Kraft, sie auf- und zuzuschieben.

Erbte ihre Tochter so eine Wäschetruhe, dann wurde sie sofort auf den Boden oder in eine Kammer verbannt. Im Sommer kam die Winter- und im Winter die Sommerwäsche hinein, ebenso auch Stoffballen und auch abgenutzte Wäsche.

Die Tochter hatte einen Wäscheschrank aus lackiertem Fichtenholz. Stolz auf das moderne Stück, zierte sie die Fächer des Schrankes mit Borten. Sie waren aus weißem Leinen, mit Schlingstichen die Kanten eingefaßt und mit Plattstich ein Spruch aufgestickt. Sehr häufig war zu lesen:

"Was Mütterlein mir einst beschert,
halt ich in diesem Schranke wert.
Soll alles schön geordnet sein,
wie's einstens hielt mein Mütterlein."
Patriotinnen wählten diesen Spruch:
"Im Schrank weißes Linnen ist deutscher Hausfrauen Art."

Abb. 87) Kopfkissen und Überschlaglaken. Monogramm KB und Aufschrift "Gute Nacht" in Lochstickerei, Stielstich und unterlegtem Plattstich; eingefaßt mit festonierten Bögen. Um 1900

Der Werdegang des Inhaltes wurde mit folgendem Spruch beschrieben:

"Mit Fleiß gesponnen, gebleicht am Bronnen,
gewebt zu Linnen, liegt still hier innen."
Und welche Wahrheit steckte in diesem Spruch:
"Wieviel Lebensmühe legte die Mutter hier in diesen Schrein
und ihr, die deine Jugend pflegte, mein Kind,
sollst du stets dankbar sein."

Ja, Mühe steckte sowohl in der Kommode als auch im Schrank. Da waren zuerst die "Winterbezüge", bei der Großmutter rot und weiß gestreift, bei der Tochter hellblau mit weißen Maiglöckchen. Man legte ja zu jeder Zeit Wert auf weiße Wäsche, doch im Winter konnte man nicht bleichen, da wurde bunt überzogen.

Natürlich wurden die Überzüge noch selbst genäht, fertig wurde da noch keiner gekauft (höchstens, daß man zur Weißnäherin ging; die kam dann auch ins Haus, wenn die Ausstattung zu nähen war). Jedes Knopfloch wurde mit der Hand umschlungen. Eine Weißstickerin hat mir mal gesagt, mehr als 5 Stück schaffte man nicht in der Stunde.

In Großmutters Kopfkissen waren breite gehäkelte Spitzen eingesetzt oder die Kissen hatten einen breiten Streifen aus Lochstickerei. Die Tochter setzte gehäkelte Dreiecke ein oder verzierte das Kissen mit Hohlsaum und Stickerei. Auf diese Kissen konnte man natürlich sein müdes Haupt nicht legen, die schönen Einsätze oder Stickereien hätten das Muster auf dem Gesicht eingedrückt. Diese Kissen wurden hauptsächlich zur Zierde hingelegt, nach einer längeren Zeit wurden sie dann umgedreht und noch ein wenig in "Verwendung" genommen, ehe sie gewaschen wurden.

Großmutter hatte auch noch Bettstreifen; sie wurden tagsüber auf das Leintuch gelegt und hingen dann über das Holz des Bettes. Die Federbetten wurden tüchtig aufgeschüttelt und übereinandergeschlagen. Die Tochter verachtete diese Bettstreifen; sie hatte eine Bettdecke mit viel Rüschen, darauf wurde noch ein Paradekissen, ebenfalls mit Rüschen, gelegt. In der Mitte des Kissens war ein handgenetzter Einsatz, in dem ein schönes Muster von Hand eingewebt war.

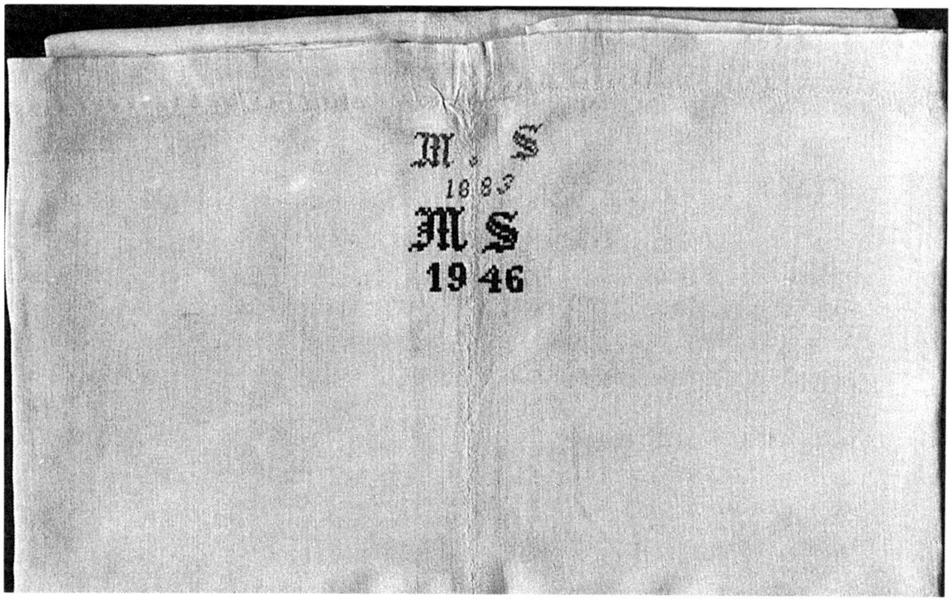

Abb. 88) Bauernleinen selbst gesponnen und gewebt. Brautbettuch von 1883, Monogramm MS rot gestickt, weitergegeben an die Enkeltochter MS, die 1946 heiratete

Tischtücher hatten sie beide aus schwerem Leinen. Böse Zungen behaupteten, sie würden in der Mangel erst glatt, wenn sie schon kaputt gingen.

Die neuen Handtücher aus Leinen waren noch braun. Doch mit jedem Waschen und Bleichen wurden sie weicher, weißer und saugfähiger. Bei der Tochter hielten mit der Zeit auch Frotteetücher Einzug, doch sie wurden nur selten genommen, denn es mußten ja erst die leinenen aufgebraucht werden.

Großmutters Geschirrtücher waren rotkariert und die der Tochter blaukariert. Es lag kein Stück im Wäscheschrank, das nicht mit einem Monogramm versehen war. Beim Sticken dieser Monogramme wurden die Finger ordentlich zerstochen.

Die Wäschestöße wurden mit Bändern zusammengebunden, die natürlich auch mit Stickerei versehen waren. Es stimmt wirklich: "Wieviel Lebensmühe!" Aber mit diesen Schätzen war der Wäscheschrank noch nicht komplett, denn zu einer richtigen Ausstattung gehörte auch für viele Jahre Leibwäsche; für Großmutter bedeutete das noch Nachtjacken, für die Tochter Nachthemden. Diese und die übrige Wäsche waren auch üppig mit Handarbeiten versehen, vor allem mit Klöppelspitze.

Schürzen gab es in großer Zahl, dunkelblau aus derbem Stoff für die Arbeit, gefälligere für den Feierabend. Die "Sonntagsschürze" war natürlich blütenweiß und reich verziert.

Stoffe auf Vorrat war die selbstverständlichste Sache der Welt. Im Kriege war Großmutters Wäscheschrank eine wahre Fundgrube. Was konnte man aus ihrer alten Wäsche für schöne Dirndlblusen und Schürzen machen, aus den Leinentüchern sogar Röcke. Und Mutters Kommode wurde für den Nachwuchs geplündert.

Die Enkelinnen schafften sich nach-

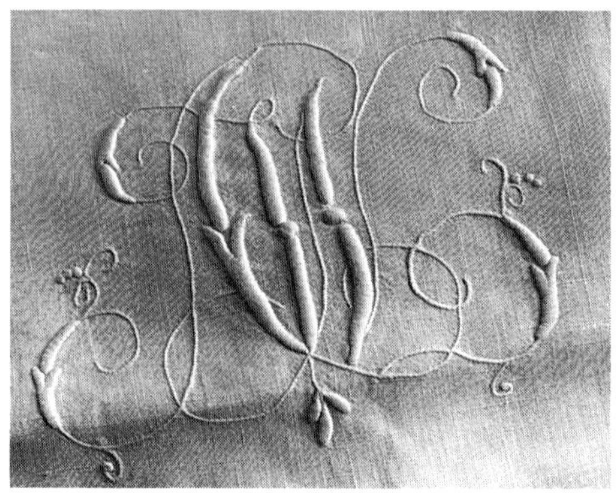

Abb. 89) Ein zauberhaft gesticktes Monogramm

Abb. 90) Bettuch aus Leinen zur Tischdecke umgearbeitet. Spitze eingefügt und ebenso die Umrandung gestaltet. Das "F " blau eingestickt in Mez 4-fach Garn. Gewebt um 1909

her weiße Wäsche an, bunte, nein danke! Doch bald wurde bunte Wäsche modern, und man ging mit der Mode; jetzt wurde auch im Sommer "bunt" überzogen, und dann hielt die pflegeleichte Wäsche ihren Einzug, damit fing die Urenkelin an.

Doch beide kaufen nicht mehr so viel auf Vorrat, immer nur einen kleinen Bestand, daß man wieder etwas Modernes nachkaufen kann!

Monogrammen können sie sich nicht durchringen, sie sticken ein ABC, hängen es an die Wand. Ob wohl ihre Wäsche auch mal so gefragt sein wird? [23]

Abb. 91) Leinenhandtuch mit Monogramm in rot gestickt. Dazu verschiedene Schablonen, mit denen die Muster auf das Material gebracht wurden

Abb. 92) Überhandtuch von Else Steinberg, geb. Schulz. 1913 gesponnen und gewebt, mit roten Streifen geschmückt und mit handgeknüpften Fransen versehen. Das Muster vom Dorfschullehrer aufgezeichnet und dann mit rotem Garn ausgestickt

Und Leibwäsche? Die kann man fast in der Handtasche unterbringen, so klein ist sie geworden; natürlich alles bunt, ebenso die Handtücher und Geschirrtücher, weg mit den Karos! Schürzen sind wenig gefragt. Stoffe auf Vorrat? Der wird doch nur altmodisch!Doch findet die Urenkelin ein Wäschestück aus Großmutters Wäscheschrank, so jubelt sie und macht die schönsten Sachen daraus. Und Enkelin und Urenkelin häkeln gemeinsam die schönsten Spitzen, obwohl die Enkelin geschworen hatte, nie wieder so "unnützes Zeug" wie Spitzen zu häkeln. Heute hat sie wieder Freude daran. Nur zu den

Abbb. 93) Schrankborten mit blauem Mez-Vierfach-Garn auf Leinen in Panamabindung gestickt. Beidseitig mit einer Häkelspitze verziert

Sprüche für Schrankborten

Geblüht im Sommerwinde
Gebleicht auf grüner Au'
Liegt still es nun im Spinde
Zum Stolz der deutschen Frau.

Im Schranke weißes Linnen
Im Herzen reines Sinnen
Und alles wohl verwahrt
Ist deutscher Hausfrau Art.

Es ist des Hauses schönste Zier
Der Linnenschrank -
nicht das Klavier.

Ein blanker Schrein
Das Linnen rein
Dein Stolz soll's sein.

Tassen, Teller, Topf und Schrein
Müssen stets recht sauber sein
Soll die Hausfrau sich erfreun.

Gefüllt mit Linnen schwer
War schon in alten Tagen
Der Hausfrau Stolz und Ehr.

Den Flachs vom grünen Hain
Mit großem Ernst und Kraft
Zu blühend weißem Lein'n
Des Menschenhand erschafft.

Im Schranke weißes Linnen
Im Herzen ernstes Sinnen
Mit Lieb' und Treu gepaart
Ist edler Frauen Art.

Auf duftigem Linnen
So weiß wie Schnee
Verträumt sich so manches
Ach und Weh.

Abb. 94) Schrankborten für einen Wäscheschrank, rotes Perlgarn auf Leinen in Panamabindung, Häkelspitze aus weißem und rotem Garn

Minnegaben

"In einem gleichen sich die Menschen aller deutschen Stämme und Landschaften, in der überaus gern geübten Sitte der "Minnegabe". Diese Geschenke wurden meist selber hergestellt oder ganz nach den Wünschen der Besteller verfertigt; es sind nicht etwa Hochzeitsgeschenke allein, die Braut und Bräutigam austauschen. Man versteht darunter auch die Angebinde zu den verschiedenen Gelegenheiten und Anlässen." [24]

In allerlei Gerät, bei dessen Schmuck die Liebe eine Rolle spielt, mischt sich die Freude an ein bißchen Neckerei ein, ohne aber den schönen Eindruck zu stören, den im allgemeinen die Minnegaben der Brautzeit wie auch die für die Häuslichkeit des Paares bestimmten Möbel und Geräte machen. Da ergibt sich ja die gute Gelegenheit, schöne Motive bäuerlicher Zierkunst zu vereinen: die prächtigsten Blumen, alte Sinnbilder der Liebe und des Glückes, wie das gekrönte Doppelherz, die sich schnäbelnden Tauben oder gar die Darstellung des Paares selbst, verschnörkelte Buchstaben und vieles andere mehr. Der Phantasie der Verliebten waren keine Grenzen gesetzt. Zuweilen leuchtete der bäuerliche Humor hindurch, wie auf einem Mangelbrett, das als Minnegabe der Braut den guten Rat gibt: "Wasche wit un mangel fin, so salt du ock min Leevste sin." [25]

Immer wieder scheint es sich zu zeigen, daß mit diesen Minnegaben auf den Aufgabenkreis der Hausfrau und darüber hinaus auch auf den gemeinsamen Hausstand angespielt wird. Kleine Angebinde, Webkämme, mit denen sich Bänder herstellen lassen, bemalte Papierstreifen oder Bänder, auch Nadeln mit besonders ausgestalteten Köpfen, womit der auf das Spinnrad aufgezogene Flachs, geschmückt wurde. waren beliebte Geschenke.

Die Überreichung, Annahme und Ablehnung solcher Minnegaben, verpflichten den Burschen und das Mädchen gleichsam wie ein Kundtun der Verlobung der Öffentlichkeit gegenüber.

Abb. 95) Bäuerin am Bandwebstuhl

Abb. 96) Gewebte Bänder aus Heydekrug, Ostpreußen

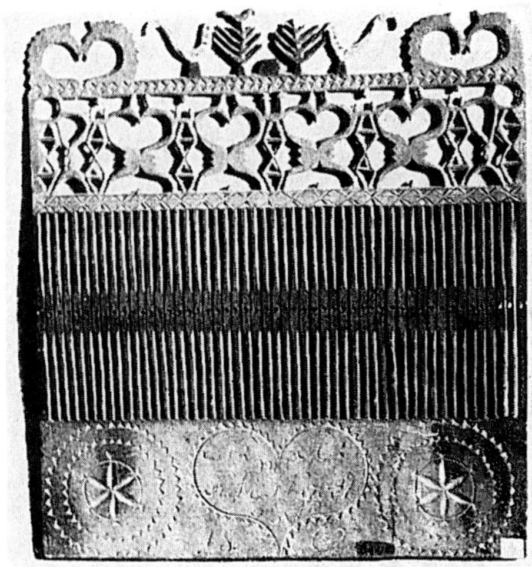

Abb. 97) Webekamm aus Mönchgut, Insel Rügen

Der Webekamm, eine ganz einfache Vorrichtung, bei der die im Wechsel durch die runden Bohrungen der Stege und durch die Schlitze dazwischen geführten etwa 2-3 mm langen Fäden die Kette bilden, die mit einem Ende an einem Ring an der Wand etwa, mit dem anderen im Gürtel an der Weberin befestigt war, die mit ihrem Körper die Spannung der Kette regulierte. Durch Heben und Senken des Brettchens öffnete sich ober- und unterhalb der ruhenbleibenden Ebene der durch die Schlitze geführten Fäden das Fach, in das der musterbildende Schuß eingetragen wurde.

Abb. 98) Was der Bursche seiner Liebsten zugedacht hat, waren Verse über Liebe und Treue, und dabei sind alle Verse auf Herzformen geschrieben worden. Solch volkstümliche Liebesbriefe findet man ebenso in Nord- wie in Süddeutschland.

Vom Erbteil und der Mitgift der Frauen

Schon sehr früh erfahren wir aus dem ersten bekannten deutschen Rechtsbuch, dem Sachsenspiegel, Gültiges über das Erbteil der Frauen. Zwischen den Jahren 1221 - 1224 erschienen, vermittelt dieser Sachsenspiegel nicht nur einen Einblick in das buntbewegte Rechtsverfahren, sondern vielmehr auch in die Volksseele und die Geisteshaltung unserer Vorfahren. Seit ältesten Zeiten sind Recht, Religion, Sitte und Brauch immer auf das engste miteinander verbunden gewesen.

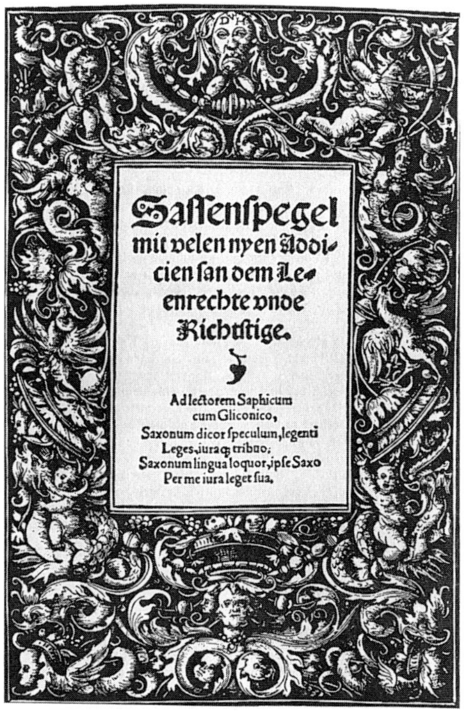

Sassenspegel
mit velen nyen Addicien san dem Leenrechte unde Richtstige.

Ad lectorem Saphicum cum Gliconico,
Saxonum dicor speculum, legenti
Leges, iuraq; tribuo;
Saxonum lingua loquor, ipse Saxo
Per me iura leget sua.

Abb. 99) Titelblatt der bei Sylvene Othmar in Augsburg gedruckten Ausgabe des Sachsenspiegels

So handelt der 24. Artikel in diesem Rechtsbuch von der "Geraden", worunter man das Erbteil der Frauen verstand. Er zählt dann auf: "alle Schafe und Gänse, alle Kasten mit gewölbten Deckeln, alles Garn, Betten, Pfühle, Bettücher, Handtücher, Becken, Leuchter, Leinwand und alle weiblichen Kleider, Fingerringe, Armgold, Kopfputz, der Psalter und alle Bücher, die zum Gottesdienst gehören, und alle, welche Frauen zu lesen pflegen, Laden, Vorhänge, Leintücher zum Verhängen der Wand für das Anlehnen, und alles Bandwerk, dazu Bürsten, Scheren, Spiegel und Kämme." [26]

Ein Gerichtsprotokoll berichtet über den Umfang der Brautaussteuer im Jahre 1808: ".. Es ward hierauf die Erklärung des Kolonen Rohlmann abgefordert, was derselbe seiner Tochter als Brautschatz bestimmen wolle, - worauf dann derselbe äußerte, wie er Nachfolgendes an Brautschatz festsetzen wolle, als: An barem Gelde 100 Reichstaler - alles Gute zu dreien, nämlich drei Kühe, drei Schmalrinder, drei Schweine, drei Malter Korn, halb Roggen, halb Gerste; jedoch nur zwei Pferde - einen vollständigen Brautwagen. Braut und Bräutigam

Abb. 100) Das Gadderken, ein Schmuckstück, das Frauen erbten und weitergaben. Schmuck dieser Art ist üblich in den niederländischen Frieslanden, in Ostfriesland, im Hümmling, im Oldenburger Münsterland, im Osnabrücker Gebiet, aber auch in Westfalen. Nur in kath. Gebieten befindet sich an der Brosche ein angehängtes, von Ketten getragenes Kreuz. Solche Stücke dürften aus der 1. Hälfte des 19. Jahrh. stammen. Formentypisch geht dieser Schmuck aber noch auf das 18. Jahrh. zurück.

die erforderlichen Ehrenkleider - zur Hochzeit ein geschlachtetes Rind, eine Tonne Bier und einen Sack voll Roggen.

"Die auf Leibzucht ziehende Mutter des Bräutigams bekommt an "Stuhlgeld" 4 Pistolen in Gold und zu ihrem Unterhalt alle Jahre auf Jakobi (25. Juli) 5 Pistolen in Gold. Auch soll sie mit dem nötigen Linnen unterhalten werden, eine Kuh im Stalle, ein Huhn auf der Diele, auch einen Apfelbaum im Garten, und 20 Pfund Schweinefleisch jedes Jahr genießen."

Im Jahre 1847 erhält eine Lüdinghauser Bauerntochter als Mitgift: Bettstelle mit Betten, Kleiderschrank, Küchenschrank, Tisch mit Stühlen, Handtuchhalter, Truhe, je 24 leinene Hemden, Handtücher, Bettücher und Tischtücher, 1 Koffer voll Leinenrollen, Spinnrad, Haspel, Hechel und Schwingbrett, hölzerne Eimer mit Messingbeschlägen und Milchwirtschaftsgeräte, Feuerzange, Püster, Schüppe, Länghaken, Bratrost und Bratpfanne, 2 Feuerböcke, eiserne Töpfe, Kucheneisen, Kaffeebrenner, Schaumlöffel. Eine Kuh und 700 Taler Bargeld. [27]

Abb. 101) Handgeschriebenes und mit Zeichnungen verziertes Gebetbuch JS 1800

Abb. 102) Der Psalter und alle Bücher, die zum Gottesdienst gehören und welche Frauen zu Lesen pflegten, gehörten zum Erbteil

Hochzeitsvorbereitungen

Der Hochzeitstag war bestimmt worden. Am Sonntag nach Michaelis (29.Sept.) sollen die Beiden zusammengegeben werden. Während der kurzen Brautzeit gab es alle Hände voll zu tun, neben allen anderen Überlegungen die Zusammenstellung und Vervollständigung der Brautaussteuer zu bewerkstelligen.

Die begehrten Weißnäherinnen kamen ins Haus, um für Söhne und Töchter den Leinen-Brautstaat mit der Hand zu nähen, wobei die erwachsenen Töchter fleißig mithalfen. Die Näharbeiten zu jener Zeit wurden mit glatter Naht, Überhandsnaht zusammengenäht (zwei Selfkanten des Leinens aneinander) und dem Handsteppstich, "Ächterstick", ausgeführt. Alle Näharbeiten waren äußerst sauber angefertigt. In die Brauthemden wurden die Anfangsbuchstaben von Braut und Bräutigam gestickt.

Bei der nun anstehenden Hochzeit mußten die Näherinnen mit auf dem Kastenwagen sitzen und behilflich sein beim Unterbringen der Wäsche im Hochzeitshause.

Doch vor den Ehebund hat das Brauchtum den Giftenabend, den Polterabend gesetzt. Es ist Sitte, an diesem Abend alte Töpfe, Gerümpel und Geschirr gegen die Tür oder auf die Diele des Brauthauses zu werfen. "Je mehr Pölte - je mehr Glück", sagt man in Niedersachsen. Am nächsten Tag fährt dann der Brautwagen nach Schulten Hof. "De westfölsche Brutwagen", ein mit festlichem Grün und bunten Blumen und Bändern geschmückter Leiterwagen, wurde meist von ebenso prächtig aufgeputzten Pferden gezogen. Vollbepackt mit dem Brautschatz, der Aussteuer der Braut, zog er zum Hochzeitshaus.

Abb. 103) Der Brautwagen mit den Näherinnen

Hallo, hallo, worüm so lut[1]?
Do kömmt de Wagen för de Brut,
Un ale lopt[2] un ropt[3]: Hallo!
Jung Brüdigam[4] un Brut is do!

Vül schöne Blomen frischet Grein[5],
Un riken[6] Husrot[7] is te seihn[8],
De Perre[9] sind mit Grein bedeckt
Un wi-et[10] nich, wat för'n Glück
se treckt[11].

Hog' op'n Wagen sitt'n Hahn,
Un kreihet[12], wat he kreihen kann,
'n groten Bessen kikt herut
Un ok 'n Spinnrad för de Brut.

De Hahn Di lehret met Bedacht:
Fröh op, jung Por, holl trüe
Wacht,
De Bessen ower si-et[13] di vör[14]:
Hollt rein un kehr vör dine Dör[15].

Teleßt[16] kömmt noch dat Spinnrad
dran
Un brenget sine Mahnung an:
Recht flitig[17] sporsam ale Tid,
Dann is dat Glück Ink ok nich wit.

Hallo, hallo, worüm so lut?
De Brüdigam hält im Arm de Brut
Un schwenkt se hoge[18] dör[19] de
Locht[20]
Süh[21], Deern[22] so wet da Glück
versocht[23].

1) laut; 2) laufen; 3) rufen; 4) Bräutigam; 5) Grün; 6) reicher; 7) Hausrat; 8) sehen; 9) Pferde; 10) wissen; 11) ziehen; 12) krähen; 13) sagt; 14) vor; 15) Tür; 16) zuletzt; 17) fleißig; 18) hoch; 19) durch; 20) Luft; 21) sieh; 22) Mädchen; 23) versucht;

Abb. 104) An der Wiege auf dem hochzeitlichen Kammerwagen werden geflochtene Flachspüppchen "Junge", "Mädchen" und "Wiege", mit allen guten Wünschen gehängt.

Spinnrad, Besen und Hahn sind altgermanische Opfergaben. Der Volksmund hat ihnen eine erzieherische Deutung gegeben. [28]

Auch in anderen Gegenden unseres Landes gehörte die Hochzeit zu den wichtigsten und schönsten Dingen des Lebens. Darum schmückt man sie aus, damit alle Beteiligten sie lebendig in Erinnerung behalten.

Bei der Vorfeier, an dem Giftenabend verabschiedet sich vielerorts die Braut von ihren Freundinnen, die ihr ein Abschiedslied singen. Bei den Siebenbürger Sachsen heißt der Abschied der Braut "Das Rockentragen". Ein prächtig mit bunten Bändern, Flitterwerk, Äpfeln und Nüssen geschmückter Spinnrocken wird in der Stube aufgestellt und von den Jugendgefährtinnen der Braut umtanzt. Dabei erklingt das sogenannte "Rockenlied".

Auf einem Kammer-, Braut- oder Kuchelwagen wird auch hier die Ausstattung der Braut in das zukünftige Zuhause befördert. Pferde, Wagen und Kutscher tragen dabei schon hochzeitliche Gewänder. Der Wagen ist hochbeladen mit Möbelstücken und dem Brautkasten, einer hölzernen bemalten Truhe, die Wäsche und sonstige Mitgift enthält. Das Spinnrad mit Flachs am Rocken darf nicht fehlen. Je weiter der Flachsstock heraussah, um so wohlhabender war in Schlesien die Braut. Oben thront das gewaltige Ehebett und neben ihm - recht auffallend - die Wiege, denn "was sich zweit, das drittet sich". Schlag zwölf Uhr mußte meist der Brautwagen vor dem Hause stehen, auf dessen Schwelle der Hochzeiter die Braut mit dem Bierkrug in der Hand begrüßt.

Außerdem war es allgemein üblich, daß alles Mitgebrachte besichtigt werden durfte. "Se bewünnert de Kastens vull met Linnen. Kleder,se loawt de finen Bedden und Möbeln, öwerhaupt alls, wat de Brut mettbracht hett."

Die Braut übergibt dem Bräutigam die Schlüssel zu dem mitgebrachten Brautschatz und ein Hochzeitshemd. Die Überreichung des von der Braut aus selbstgesponnenem und gewebtem Leinen hergestellten Hemdes galt als Zeichen der Anknüpfung leiblicher und ehelicher Gemeinschaft. Indessen erhält die Braut dafür die Brautschuhe. Durch das Hineintreten in die geschenkten Hochzeitsschuhe wird die Braut in die Familie des Bräutigams aufgenommen. [29]

Abb. 105) Eine Braut bringt Leinensäcke mit in die Ehe. Die Leinensäcke tragen den Namen des Besitzers, seines Wohnortes und eine Zahl, damit eine Verwechslung ausgeschlossen war. Aussteuersack. 1887 aus Schwinhede gesponnen und gewebt von Anna Schulz, geb. Hinze aus Niemerlang, Krs. Ostpriegnitz

Abb. 106) Frauen- und Männerhemd 1882 aus Leinen gesponnen und gewebt und genäht von Mina Steinberg, geb. Albermann

LEINEWEBER-LIED

1. Ei, wie so töricht ist, wenn man's betrachtet,
wer einem Leineweber seine Arbeit verachtet.
Kein Mensch auf dieser Welt,
der seine Arbeit nicht bestellt,
jeder muß sagen: Leineweber muß man haben.

2. Wenn ein klein's Kindlein zur Welt wird geboren,
wird einem Leineweber seine Arbeit auserkoren:
in ein fein's Windelein wird es gewickelt
ein Bänder gewebet, man darum leget.

3. Wenn sich eine Jungfrau auf's schönste will zieren,
muß sie dem Leineweber seine Arbeit anziehen:
ein feines Hemdelein, um und um Spitzelein,
ein neues Kleide zur Lust und Freude.

4. Kaiser und König und mächtige Herren
können dem Leineweber seine Arbeit nicht entbehren:
ziehen sie in das Feld, sind vor den Feind gestellt,
zum Zeltaufschlagen, Leineweber müssen's haben.

Abb. 107) "Wenn ein klein's Kindlein zur Welt wird geboren, wird einem Leineweber seine Arbeit auserkoren"

Die Vielfalt der Leinwand

Von der Leinwand gibt es viele Sorten, vom höchstmöglichen Grade der Feinheit bis herab zur groben Sackleinwand. Man unterscheidet ferner gebleichte und ungebleichte, glatte und gemusterte, gefärbte und ungefärbte Leinwand. Die glatte Leinwand ist ohne eingewirkte Figuren, die gemusterte oder gebildete hat eingewirkte Muster.

Die feinste, weißeste und schönste Leinwand ist die belgische, insbesondere die flandrische, dann die holländische und irische. Berühmt sind auch die schlesischen, böhmischen, westfälischen und Lausitzer Leinen.

Beim Einkauf von Leinen hat man vor allem darauf Rücksicht zu nehmen, daß die Güte derselben in Gleichheit des Fadens, Dichtigkeit und Festigkeit besteht. Der Faden muß am Anfang, in der Mitte und am Ende des Stückes von gleicher Güte und Feinheit und ohne Knoten, und die nebeneinander laufenden Fäden müssen egal sein. Letzteres erkennt man am sichersten daran, ob die Sahlleiste (Selfkante) gerade oder zackig ist.

Häufig sucht man eine scheinbare Dichtigkeit dadurch hervorzubringen, daß die Leinwand stark gerollt wird. Deshalb ist die Leinwand mit runden Fäden der mit breitgedrückten vorzuziehen.

Ferner muß die Leinwand auf dem Webstuhle gleich und fest geschlagen, weder nach der Länge noch nach der Breite ausgedehnt oder gezogen sein, sonst würden die Fäden eine schiefe Richtung haben.

Mancher Fehler des Garns wird durch Appretur, besonders durch Streichen und Glätten, verdeckt; es ist deshalb geraten, die Leinwand ohne Appretur zu kaufen oder letztere durch Waschen zu entfernen. Ist die Leinwand sehr weiß, so muß man erforschen, ob die Weiße nicht auf Kosten der Haltbarkeit hervorgebracht worden ist; zuweilen wird der Leinwand eine künstliche Weiße durch Kalk, Kreide und Bleiweiß erteilt.

"Linnen un Fraulü sall me bi Dageslecht kaupen."[30]

Verbot der Appretur der Leinwand

Verbot der Appretur der Leinwand durch Glätten mit dem Beinknochen von einem Ochsen und Anfeuchten der Leinwand mit Milch, Öl, Tran und anderen Stoffen im Ravensbergischen.

Da das in der Ravensbergischen Bleichordnung vom 7. May 1719 und in der ausdrücklich darauf gerichteten Verordnung vom 22. Novbr. 1797 wiederholentlich ergangen, nachdrücklichen Verbots ungeachtet, das höchst verderbliche Einschmieren und Anfeuchten der Leinwand mit Milch, Öl, Tran und andren Stoffen, oder das sogenannte Bahnmachen und Aufputzen der fertigen Leinwand noch immer fortgesetzt wird, hierdurch aber nicht allein das Auge des Käufers durch Überkleisterung fehlerhafter Stellen getäuscht, und ein wahrer Betrug ausgeübt, sondern auch die innere Güte der Leinwand angegriffen, verderbt eine Fäulniß und Stockung derselben bewirkt und der gute Rufe der Waare im Ausland gefährdet wird: so haben Sr. Königl. Majestät von Preußen, Unser Allergnädigster Herr, für nötig erachtet, die zur Steuerung eines solchen betrügerischen und verderblichen Verfahrens erlassenen Strafverbote zu schärfen, verordnen und bestimmen demnach, daß wenn in der Folge vom 1sten April 1801 ein Leineweber darüber betroffen oder bey der angeordneten, sorgfältigen Schau es durch untrügliche Kennzeichen ausgemittelt wird, daß er die Leinwand nach deren Fabrikation mit Milch, Tran und dergleichen einschmiert, oder aber dieselbe angefeuchtet, naß aufgerollt zum Verkauf zusammenlegt, ein solcher Leineweber nicht nur mit Confiskation der Waare zum Beßten der Armenkasse seines Wohnorts gestraft, sondern auch derselbe am nächsten Sonntage Vor- und Nachmittags jedes mal eine Stunde am Halseisen vor der Kirche ausgestellt, im Wiederbetretungsfalle aber diese Strafe mit 2 bis 12 monatlicher Zuchthausarbeit geschärft werden soll. Dieses hat ein jeder sich zur Warnung gereichen zu lassen, und vor Nachtheil und Schaden zu hüten, da solche Maßregeln getroffen worden, daß dieses Vergehen nicht unentdeckt bleiben und die hierin bestimmten Strafen mit dem erforderlichen Nachdrucke vollzogen werden.

Gegeben Minden, den 7ten Feb. 1801

Königl. Preuß. Mindensche Kriegs- und Domainen-Kammer.[31]

(Westfälischer Anzeiger 1801, Nr. 24)

Abb. 108) Zwei Waschfrauen beim Auswringen der Wäsche

Von der Reinigung der Leinwand und Wäsche mit Buchenholzasche

"Laugebüer" und "Laugebüeren" waren die Ausdrücke für das Behältnis und der andere für den Vorgang der Leinen- und Wäschereinigung. Bei Leinwand und Leinenwäsche wurde Buchenholzasche als Reinigungsmittel gebraucht. Die im Laufe der Zeit anfallende Holzasche wurde sorgfältig aufbewahrt bis zur "Großen Wäsche", die drei- oder viermal im Laufe des Jahres stattfand. In der dazwischen liegenden Zeit wurde beim Wäschewechsel die gebrauchte Leibwäsche (wohl auch Bettwäsche) in klarem Wasser ausgewaschen, getrocknet und zusammengelegt in Koffern aufbewahrt.

(Ein Sprichwort, wohl zu dieser Zeit entstanden, lautet: "Reinlichkeit mott sin, sägg de Frau, dao trock se to Middewinter dat Hiemd up de andere Siet an.")

Wegen des großen Zeitraumes zwischen den Wäschen war der reiche Wäschebestand notwendig, der früher zur Aussteuer gehörte.

Zuvor weichte man die Leinwand in kaltem Wasser ein, ließ sie 8 - 10 Stunden darin liegen, goß dann das Wasser ab und wiederholte Aufgießen und Ablassen so lange, bis das Wasser hell ablief. Man legte die Leinwand in das "Laugebüer", ein großes Faß von 1,50 m Durchmesser, welches oft mehr lang als rund war, vielfach auch unten enger als oben, und am Boden mit einem hölzernen Stopfen versehen war. Meist ruhte dieses Faß auf einem dreieckigen hölzernen Gestell, "Laugschraden" genannt.

Lagenweise wurde die trockene Wäsche in die Laugebüer gelegt, und auf jede Lage streuten die Frauen eine Schicht Holzasche. Man durfte jedoch das Faß nicht auf einmal vollpacken, nur so viel, wie mit einem Kessel heißes Wasser durch und durch naß wurde. Dieses Tun wiederholte man so oft, bis das Laugebüer bis an den Rand voll war; die unterste Schicht der Leinwand mußte ganz von der Hitze durchdrungen sein. So blieb die Leinwand zwei Tage lang in der Lauge stehen, dabei mußte sie immer die Wäsche bedecken.

"Jau, de Wösch de bläiw twäi Dage töm trecken in de Büer, dann woar de Stoppen unn'n Buodden uttrokken, dat de Laug utlaupen konn. Doahfürdann gong't met' ganze Wiärks an de Kuhl." [32]

Abb. 109) Die alte Ansichtskarte von 1904 zeigt die Seseke mit der neuerbauten Herz-Jesu-Kirche. Im Vordergrund ist eine "Waschtreppe" zur Seseke zu sehen. Dahinter liegt die "Städtische Bleiche".

Vom Spülen der Leinwand

Viel Spülen war notwendig, um die Aschenlauge aus der Leinwand zu entfernen. Zum "Büeken" und Spülen zogen die Frauen in der Stadt Lünen zu den Waschtreppen an Lippe und Seseke. Diese Waschtreppen waren von der Stadt angelegt und wurden ebenso von dieser Stelle in Ordnung gehalten.

Von den zwei Möglichkeiten, ihre Wäsche gut ausspülen zu können, machten die Frauen in der damaligen Zeit regen Gebrauch.

Südlich der Lippe erreichten die Wäscherinnen die "Schiffahrtswäsche" mit Bleiche und die Seseke-

Abb. 110) Frau Kerger auf einer Wäschbrücke, Dorfgräfte von Haus Nienberge bei Münster

wäschen mit der Bleichmersch "Unter den Linden" (jetzt Lange Straße). Am aufgestauten Wasser vor der Mühle Engelke befand sich auch eine dieser Waschtreppen am Sesekeufer; entlang der Umflut war eine Gemeinschaftsbleiche eingerichtet, auf der bei günstigem Wetter immer viel Betrieb herrschte.

Am nördlichen Lippeufer befand sich damals die "Wäsche" und Bleichweide an der Münsterstraße, also direkt an der Lippebrücke. Von dort aus konnte man das emsige Wäschespülen der Frauen an den zwei großen Waschtreppen "Auf der Schiffahrt" gut beobachten.
Diese Waschtreppen waren bis zum tiefsten Wasserstand herabgeführt, so daß auch bei wechselndem Wasserstand immer gespült werden konnte. Bei dieser Arbeit lagen die Frauen auf den Knien auf den breiten Waschtreppenstufen am Wasser, einen Korb mit Wäsche neben sich; in dieser Haltung spülten die Frauen Stück für Stück im fließenden Wasser. Unermüdliches Spülen war wirklich erforderlich, um die Leinwand einigermaßen weiß zu bekommen.

In den Erinnerungen einer alten Lünerin, die selbst noch an Lippe und Seseke die Wäsche gespült und gebleicht hatte, ist festzuhalten: "Noahdemm gong't es loß, doah gong't an't büekern, doah liggs in de Knei bi, met de rächte Hand diän Büeker." (Der Büeker, den die Wäscherinnen benutzten, war aus einem ca. 30 mm starken Stück Brett von 30 cm Länge und 12 - 15 cm breit gearbeitet, der am oberen Ende oft einen kleinen Knauf hatte.)" Met de annere Hand heß dann en Berrlaken odern Küssentuog binäinnuomm' un dann: linke Hand upleggen, rächte Hand upschloan! Dat hand' di naohhier ganz gued(t); wann nu dat Tüg all büekert waß, woar't wir utspollt. Noahdemm gong't van vüörn an met dat Büekern. Anlesten End', wan' all utspollt was, kam't ob de Bleik."

Es war schon von Wichtigkeit und von Bedeutung, welche Waschtreppen die Frauen und Mädchen nach der Behandlung der Leinwand mit Buchenholzasche zum Ausspülen aufsuchten. Die reichen Erfahrungen der Wäscherinnen bewahrheiteten sich: das Wasser der Lippe wirkte anders auf die Wäsche ein als das Sesekewasser. Die im Sesekewasser gespülte Leinwand nahm bei längerem Lagern einen gelblichen Ton an, während die im Lippewasser gespülte Leinwand auch bei langem Liegen weiß blieb.

Also spülten die Mädchen und Frauen die in dauerndem Gebrauch befindliche Wäsche in der Seseke. Mit der "guten Wäsche" machten sich die Wäscherinnen auf zu den Waschtreppen an der "Schiffahrtsbleiche" und spülten ihre Schätze im klaren Wasser der Lippe. [33]

Abb. 111) Die Büeker, Wäscheklopfer, die unentbehrlichen Helfer bei der großen Wäsche

Die alte Waschfrau

von Adelbert von Chamisso

1.
Du siehst geschäftig bei dem Linnen
Die Alte dort in weißem Haar,
Die rüstigste der Wäscherinnen,
Im sechsundsiebzigsten Jahr.
So hat sie stets mit saurem Schweiß
Ihr Brot in Ehr' und Zucht gegessen,
Und ausgefüllt mit treuem Fleiß
Den Kreis, den Gott ihr zugemessen.

2.
Sie hat in ihren jungen Tagen
Geliebt, gehofft und sich vermählt;
Sie hat des Weibes Los getragen,
Die Sorgen haben nie gefehlt;
Sie hat den kranken Mann gepflegt;
Sie hat drei Kinder ihm geboren;
Sie hat ihn in das Grab gelegt
Und Glaub' und Hoffnung nicht verloren.

3.
Da galt's die Kinder zu ernähren;
Sie griff es an mit heiterm Mut,
Sie zog sie auf in Zucht und Ehren;
Der Fleiß, die Ordnung sind ihr Gut.
Zu suchen ihren Unterhalt,
Entließ sie segnend ihre Lieben,
So stand sie nun allein und alt,
Ihr war ihr heitrer Mut geblieben.

4.
Sie hat gespart und hat gesonnen
Und Flachs gekauft und nachts gewacht,
Den Flachs zu feinem Garn gesponnen,
Das Garn dem Weber hingebracht;
Der hat's gewebt zu Leinewand;
Die Schere brauchte sie, die Nadel,
Und nähte sich mit eigner Hand
Ihr Sterbehemde sonder Tadel.

5.
Ihr Hemd, ihr Sterbehemd, sie schätzt es,
Bewahrt's im Schrein am Ehrenplatz;
Es ist ihr Erstes und ihr Letztes,
Ihr Kleinod, ihr ersparter Schatz.
Sie legt es an, des Herren Wort
Am Sonntag früh sich einzuprägen;
Dann legt sie's wohlgefällig fort,
Bis sie darin zur Ruh' sie legen.

6.
Und ich an meinem Abend wollte,
Ich hätte diesem Weibe gleich
Erfüllt, was ich erfüllen sollte
In meinen Grenzen und Bereich;
Ich wollt', ich hätte so gewußt,
Am Kelch des Lebens mich zu laben,
Und könnt am Ende gleiche Lust
An meinem Sterbehemde haben. [34]

Abb. 112) Vilhelm Pedersen zeigt die ganze Armseligkeit des Milieus, aus dem Hans Christian Andersen stammte. Seine Mutter war zweifellos das Modell der armen Wäscherin im Märchen, in dem er auch der Stelle am Odenseer Flüßchen gedenkt, wo sie die Wäsche anderer Leute wusch.

Abb. 113) Eine Bleiche. Das Spannen der 40-100 m langen Bleichstücke ist hier gut zu erkennen

Vom Bleichen der Leinwand

"Deutsche Eichen in den Hainen.
Auf den Bleichen deutsches Leinen.
Deutsche Frauen, die es pflegen,
Sind dem Heimatland ein Segen."

Es kostete wirklich viel Mühe und Arbeit, die Aschenlauge aus der Wäsche wieder zu entfernen. Viel Spülen und dazu viel Bleichen war angezeigt, um die Leinwand einigermaßen weiß zu bekommen.

Bevor nun die anstrengende und arbeitsaufwendige Arbeit des Bleichens begann, wurde die Leinwand an beiden Enden gesäumt. Bei feinen Sorten setzte man an jedes Ende eine Spanne breit grobe Leinwand. Alsdann befestigte man an jeder der vier Ecken, sowohl als der Länge des ganzen Stückes nach, in Zwischenräumen von 2 m, von Bindfäden geflochtene Schleifen. Mit diesen wurde die Leinwand an in den Boden geschlagenen Pflökken auf dem Bleichplatz ausgespannt.

Abb. 114) Wache auf der Bleiche. Im Frühsommer dauerte das Bleichen meist vier Wochen. Besonders geeignete Monate für das Bleichen sind die Monate Mai, Juni, Juli

Bei feiner Leinwand nähte man statt der Bindfadenschleifen an jedes Ende derselben einen Schlauch von grober Leinwand und steckte durch diesen einen glatten Stock, der hinter die in der Erde befindlichen Pflöcke angebracht wurde.

Immer war man bemüht, die Leinwand von Morgen nach Abend auszuspannen, war sie doch so den ganzen Tag über der Einwirkung der Sonnenbestrahlung sicher, und zum andern konnten heftige Winde weniger Schaden anrichten. Sinnvoll erschien es auch, das Gras auf dem Bleichplatz immer so kurz zu halten, daß es nicht zwischen der Leinwand herauswuchs.

Waren nun die Vorbereitungen für das eigentliche Bleichen getroffen, so tauchte man die Leinwand nochmals in kaltes Wasser und ließ sie 8 - 10 Stunden darin liegen, goß das Wasser ab und wiederholte Aufgießen und Ablassen so lange, bis das Wasser hell ablief.

In den ersten acht Stunden war die Leinwand auf dem Bleichplatz immer naß zu halten. Hierauf sollte sie 1/2 Stunde fleißig mit reinem, weichem Wasser begossen werden, dann umgewendet wieder 72 Stunden gebleicht, nochmals im Laugebüer behandelt werden; 4 - 6 Tage gebleicht, zum dritten Mal "gebeucht" und gebleicht, usw., bis die Leinwand die gewünschte Weiße erlangt hatte.

War dann die Leinwand nach dem vorletzten Beuchen, dem Waschen mit der Buchenholzasche, halbtrocken geworden, so wurden alle Falten ausgestrichen, jedes Stück sorgfältig gerade gezogen, in Ballen gerollt, mit einem breiten Büeker tüchtig geklopft, erneut ausgebreitet und nach dem vollständigen Abtrocknen zusammengerollt. [35]

So war es damals. Lag nun das ausgespannte Leinen auf der Bleiche, so mußte es während der Nacht vor Spitzbuben bewacht werden. In jener Zeit waren Leinwanddiebstähle nicht gerade selten. Da schliefen die Burschen oder auch manches Mal eine energische Magd in Begleitung eines Hundes in der kleinen Bleichhütte, um die ausgelegte Leinwand zu mitternächtlicher Stunde nicht allein zu lassen.

Wo steht noch solch eine alte Bleichhütte, zerfallen, kaum noch kenntlich? Wenn die erzählen könnte, so würde es uns manchmal anmuten wie Abenteuer und Romantik: In ihnen schliefen die Burschen die mondhellen Sommernächte; von dem auf der Bleiche ausgespannten Leinen, das sie vor fremden Händen schützen mußten, hatten sie eine Schnur um ihren Arm gebunden. War es immer ein Dieb, der sie zog?
Morgens zur Melkstunde um vier, wenn nur erst die Vögel wach waren in der jungen Frühe?

Abb. 115) Wenn die alte Bleichhütte erzählen könnte, so würde es manchmal anmuten wie Abenteuer und Romantik

Von Flaß, Linnen und Leev

De Flaß bleiht blau, un von'n Flaß kummt dat Linnen. Wat hefft de Olen dar fröher nich allens mit to doon hatt! Stengels utrieten, in Garven upstellen, achterna breken, hecheln un tosaambinnen. Dar is noch veel bi, bit dat Spinnen un Weven loosgahn kann. Dat ferdige Linnen, so'n de Utstüür mit Bettlakens, Dischdöker, un wat sünst nich noch allens ut maakt,hett noch kene rechte Klöör, et latt bruungrau. Un nu paßt up, hier fangt miene Geschicht egentlich erst richtig an. Se hett sik wiß un wahrhaftig todragen.

De Ekenhoffbuur harr buten up de Wisch 'n Spieker. In'n April tröcken de Deerns dar in un bröchen all de Linnenstücken mit. Dör Slöpen an de Ennen wurden Stöck in de Eer steken, so legen se schöön glatt up't Gras, können ok nich wegweihn. Water ut de Kann darup, Sünn von baven, Wind daröverhenn, dat wöör de grote Bleek. De Deerns sleppen de heele Tiet över in'n Spieker, wollen ja nich jeden Avend na Huus hen un an'n annern Moorn von vörn anfangen. Minsch, wat heff ik seggt, se slepen in'n Spieker? Dat 's gefährlich. Nich wegen de Rövers un nich wegen de Vöß, nee, wegen de ... Aver töövt man noch en Ogenblick, ji weerd glieks gewahr, wat denn geschütt!

Eens Avends sitt de Buur in de gode Stuuv, an'n Disch, rekent düt, schrift dat un överleggt, wat he token Week mit up'n Markt nimmt un woveel Geld dat bringt. Dar kloppt et an de Döör, und siene Gesche lett den Paster rin. De will'n ernstet Wurt mit ehren Kerl snacken. Kuum dat he sitt, haalt he deep Luft, man sien Gegenöver grient blot'n beten un langt bedächtig de Piep von't Bort. He hett so'n reine Geweten as'n unschüllig Lamm twee Daag vör Pingsten.

De Gottesmann leggt nu aver loos: "Buur, so geiht et nich, läßt de Deerns alleen in'n Spieker slapen, bit mal'n Malöör passeert!"

De stellt sik dösig un find't afsolutt nix darbi: "Den kann'n ja von binnen afschloten. In uns Gegend hefft se noch nie nich enen Minschen wat andaan un geiht överhaupt allens so friedlich to."

Dat langt dem Paster, un he seggt: "De Jungs sliekt dar nächtens hen, un wo jem de Kopp na steiht, darför bruukt'n kene grote Phantasie!

Also, weg mit den Spieker or tosluten, dat dar kener mehr rin un rut kann; mit dat Argernis mutt et 'n Enn hebben!"

De Buur aver blifft de Rauh sülven un smöökt geruhig siene Piep. He kickt den Paster fast an un seggt: "Dat bliff allens so as et is. Wenn de Spieker nich wesen wöör, seet ik nu nich hier, wüß von düsse herrliche Welt nix af un könn Söndags nich in de Kark mitsingen!"

Tja, uns Paster weet darup kene Antwurt, et versleit em de Spraak. Wo de Geschicht an'n Enn utgüng, bün ik nich mehr wies worrn. [36]

Vom Mangeln der Leinwand und Wäsche

Der größte Teil der Wäsche, sowohl Bett- wie auch Leibwäsche, wurde gemangelt. Schon auf der Bleiche wurde die Wäsche daraufhin gefaltet; man gab acht, daß sie vor allem im Sommer nicht zu trocken wurde. Man ließ ihr einen Hauch von Feuchtigkeit. Es war Erfahrungssache, das richtig abzuwägen, andernfalls konnte es geschehen, daß die Wäsche später schimmelig bzw. stockig wurde. Sie bekam dann Flecken, die so leicht nicht wieder zu entfernen waren.

"Anfang der 1890er Jahre war hier im Raum Lünen in verschiedenen Häusern und auf einigen Höfen eine Mangel in Betrieb, die wahrscheinlich von den Schreinern, Stellmachern oder Zimmerleuten der hiesigen Gegend angefertigt worden war. Bei richtiger Handhabung arbeitete sie vorzüglich." Sie war folgendermaßen konstruiert:

"Zwischen zwei Ständern, die unten in einem Querholz standen und mit diesem verstrebt waren, waren in etwa Tischhöhe zwei hölzerne Rollen - Walzen - eingebaut, von denen die eine mit einem Leinen-Mangeltuch ausgestattet und durch eine Handkurbel drehbar war. Auf

Abb. 116) Rolltuch aus dem Jahre 1880, aus Schlesien

diese fest eingebaute Rolle war das Mangeltuch durch eine Sperrleiste in eine kantige Rille (Nute) eingeklemmt.

Die zweite obere Rolle war am Zwischenstück, seitlich an den Ständern gleitenden Führungsleisten angebracht. Diese Führungsleisten hielten unten einen großen Holztrog, der mit dicken Feldsteinen vollgepackt war. An einer Seite der Mangel befand sich ein abklappbarer Tisch, mit einer beweglichen Stütze (bei Nichtgebrauch konnte man ihn hochklappen) in Höhe Unterkante der unteren Rolle.

Zum Mangeln wurde das etwa zwei Meter lange Mangeltuch, welches während der Ruhe auf der unteren Rolle liegt, über den Tisch hin abgerollt. Die zu mangelnde Wäsche (Bezüge, Laken, Hemden) wird dann glatt auf dem Tisch ausgelegt. Alsdann dreht man mittels der Kurbel so, daß das Mangeltuch mit der Wäsche auf die Rolle aufgewickelt wird; das Tuch wird dabei ein wenig angehalten, daß alles Mangelgut glatt zwischen die Rollen gelangt, denn durch die auf die Rolle aufgewickelte Wäsche wird der Durchmesser der Rolle größer und drückt dadurch gegen die obere Rolle. Diese Rolle ist, wie oben schon gesagt, vertikal beweglich, da ihre Zapfen in die auf und ab beweglichen Leisten eingelassen sind, die unten den Trog mit den Steinen tragen. Die Steine ziehen die Rolle anhaltend nach unten, üben dadurch auf die untere Rolle einen Druck aus und mangeln auf diese Weise das um die Rolle liegende Wäschestück. Nach etwa zehn Umdrehungen wird die Kurbel in entgegengesetzter Richtung gedreht. Man ergreift das Ende des Mangeltuches und zieht mit ihm, unter Drehen der Kurbel, Mangeltuch und Wäschestück vor, so daß es auf dem Tisch liegt. Das Stück wird fertig gefaltet, und ein neues kann aufgelegt werden. Nach Beendigung der Arbeit wird der Tisch hochgeklappt; so beansprucht das Gerät nur wenig Platz.

Alle diejenigen Haushalte in Lünen, die keine eigene Mangel besaßen,

Abb. 117) Mit dem Kaltmangeln bekommt Leinen einen seidenähnlichen Glanz. Leinenfasern und auch Leinensubstanz nehmen bei zu heißer Behandlung Schaden, weil die Feuchtigkeit zu schnell dem Gewebe entzogen wird; das Leinen wird spröde und stumpf und die Saugfähigkeit beeinträchtigt. Kaltmangel aus Liegnitz in Schlesien, um 1880 Material: Buchenholz, Eisen. Museum Werne

hatten die Möglichkeit, ihrer Wäsche auf der Stadtmangel im Rathaus Glanz und Glätte zu geben. Ebenso wie die Waschtreppen an der Lippe und der Seseke wurde diese Mangel seitens der Stadt unterhalten. Für die Benutzung der Mangel brauchte keine Gebühr entrichtet zu werden. Im Keller des Rathauses hatte diese Mangel ihren Standort. Jedoch war dieses Gerät anders gebaut als die oben beschriebene Mangel.

"Es stand da ein langer Tisch, über den die Mangelrolle hin und her beweglich war. Über der Mangelrolle (wahrscheinlich auch zwei Rollen) war ein großer Kasten angebracht, mit Feldsteinen vollgepackt. Ein Mangeltuch gab es bei dieser Mangel auch."

Es ist höchst wahrscheinlich, daß die städtische Mangel im Lüner Rathaus genau so arbeitete wie die Kaltmangel aus Schlesien, die im Werner Stadtmuseum zu betrachten ist. [37] So lautet die Beschreibung über das seltene Museumsstück:

"Dieses hölzerne Gerät ist eine der wenigen, noch vorhandenen Kaltmangeln aus dem 19. Jahrh. Sie wurde von einer schlesischen Bergarbeiterfamilie um 1900 nach Rünthe (Wohnkolonie der Zeche Werne) gebracht, um der Ehefrau einen kleinen Nebenverdienst durch

Abb. 118) Waschkorbdecke mit Randgestaltung und Spruch. Unterlegtes Plattstich und Stielstich, 4-fädige Baumwolle in 2 Rottönen auf Halbleinen.

Mangeln von Bettüchern, Tischdecken usw. (pro Korb ca. 30 - 50 Pfennig) zu verschaffen. Man wickelte auf dem Mangeltisch die Wäschestücke um die hölzernen Walzen und führte den mit Feldsteinen gefüllten Kasten durch Drehen mit der Kurbel mehrmals darüber. Das immense Gewicht bewirkte solche Bügelung der Wäsche, wie sie mit den üblichen Handmangeln nie erreicht werden konnte." [32]

Vielen Kindern in Lünen blieb die Mangel im Rathaus unauslöschlich in ihrer Erinnerung, weil sie schon im frühesten Kindesalter mit zur Stadtmangel genommen wurden, damit sie unter Aufsicht waren, in den großen Kasten zu den Steinen hineingesetzt wurden und während des Mangelns mit hin- und hergefahren wurden.

Vom Färben der Leinwand

Es ist sicherlich uralt das Bedürfnis der Menschen, sich zu bekleiden; nicht nur um ihre Blöße zu bedekken und sich zu schützen, vielmehr wollte der Mensch auch noch schön erscheinen. Sein Gewand, sein Kleid sollten Ausdruck seiner Würde sein; als schön galt das, was im inneren Einklang mit dem Menschenwesen stand.

Wir können es wohl ermessen, wieviel Mühe, Wissen und Können dazu gehörte, allein aus Wolle oder auch Flachs, eine spinnbare Faser zu gewinnen. Als nun unsere Vorfahren aus den gewonnenen und gesponnenen Fasern gar Stoffe zu weben begannen, bestand spätestens seit dem 15. Jahrh. die Alltagskleidung der bäuerlichen Bevölkerung größtenteils aus Leinwandstoffen, dessen weiße Naturfarbe dieser Gewebe sich schlecht für den täglichen Gebrauch eignete.

Noch um das Jahr 1830 wurde z.B. auf folgende Art und Weise gefärbt: Aus Teichen, die von Eichen und Erlen umstanden sein mußten, entnahm man den Schlamm, der aus den zersetzten Teilen der gerbsäurehaltigen Blätter bestand. Diese Masse strich man alsdann zwischen die einzelnen Lagen der zusammengefalteten Leinwand. Die so vorbereiteten Stücke wurden übereinandergestapelt, mit dicken Steinen beschwert und mehrere Tage in diesem Zustand belassen. Nachdem die Leinwand ausgewaschen, eine erdbraune Farbe aufzeigte, konnte sie zu Kleidungsstücken verarbeitet werden. [39]

Da die bodenständigen Menschen der damaligen Zeit mit offenen Augen durch ihre Tage gingen, machten sie die Entdeckung, daß es in ihrer Umgebung, in ihrem Umfeld bestimmte Substanzen gab, mit denen sich ihre Garne und auch ihre gewebten Stoffe färben ließen. Es waren natürliche Materialien, wie Rinde, Wurzeln, Flechten und Blätter. Mit von Erlen gesammelter Rinde ließ sich ein Braunton erzielen. Walnußschalen zauberten eine gelbe Farbe. Heidekraut färbte Garn und Stoffe lachsrot.

Das Geheimnis der Pflanzen und Stoffe und ihre verschiedenen Qualitäten lernte man durch ihre Anwendung kennen; durch Erfolge und Mißerfolge beim Färben wurde man über mancherlei Zusammenhänge belehrt. Erst viel später zogen die Blaufärber in die Dörfer und Landstädte.

Bis in den Anfang unseres Jahrhunderts trug der Mann von selbstgewebtem Leinen den blauen Kittel, und auch die Werktagskleidung der Frau war aus blauem Leinen hergestellt.

"Selbst gewonnen
Selbst gesponnen
Selbst gewebt
Und selbst gemacht
Rein dabei ist Bauerntracht."

Wieviel Phantasie, Kenntnisse und Können sind im Laufe der Zeiten offenbar geworden zum Schmücken der Menschen in Formen und Farben. Die Männer waren meistens zufrieden mit einem blauen oder günen Grundton ihrer Anzüge. Indes legten die Frauen größeren Wert auf die Musterung ihrer Kleider. Darum ließen sie sich ihre Stoffe nicht einheitlich färben, sondern liebten auch die aufgedruckten Muster.

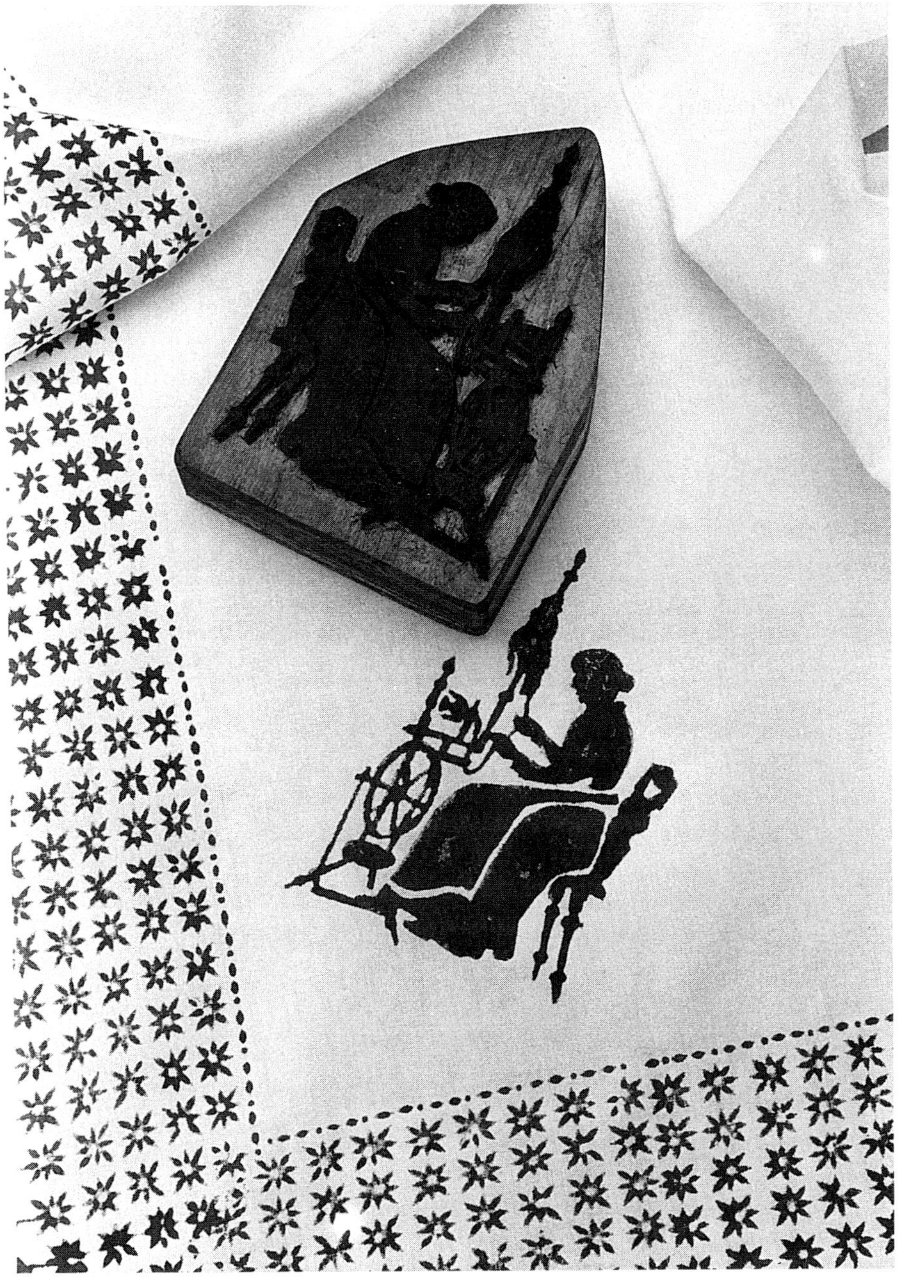

Abb 119) Direktdruck vom Model auf das Halstuch der Lüner Spinnerinnen. Eigentum Spinnstube Lünen

Vom Blaudruck

Seit dem 17. Jahrh. war der Farbstoff für den Blaudruck in Deutschland bekannt. Im Jahre 1690 gelang es dem Augsburger Zeugdrucker Jeremias Neuhofer, die ersten Blaudrucke im Reserveverfahren in Deutschland herzustellen, nachdem das Geheimnis lange von den Holländern und Engländern gehütet worden war.

Überall in den Gegenden, wo Flachs angebaut wurde, fand man die Blaudruckereien, die im Lohnverfahren die in den Häusern und auf den Höfen gewebte Leinwand verschönerten. Im Sommer trugen die Menschen ihre Leinwand zu den Blaudruckern; diese Zeiteinteilung hatte ihren guten Grund. Die Blaudrucker konnten ihr Handwerk nämlich nur in der warmen Jahreszeit ausüben, da sie die Stoffe während der Bearbeitung mehrmals spülen mußten. Waren Bäche und Flüsse jedoch zugefroren, trat zwangsläufig eine Pause ein.

Aus der Vielzahl der Muster in Musterbüchern oder Mustertüchern wählte der Kunde ein ihm gefälliges Muster aus. Das angelieferte Leinen wurde mit einer Messingmarke ("Teiken") gekennzeichnet; ein zweites Teiken mit derselben Nummer bekam der Eigentümer als Kontrolle.

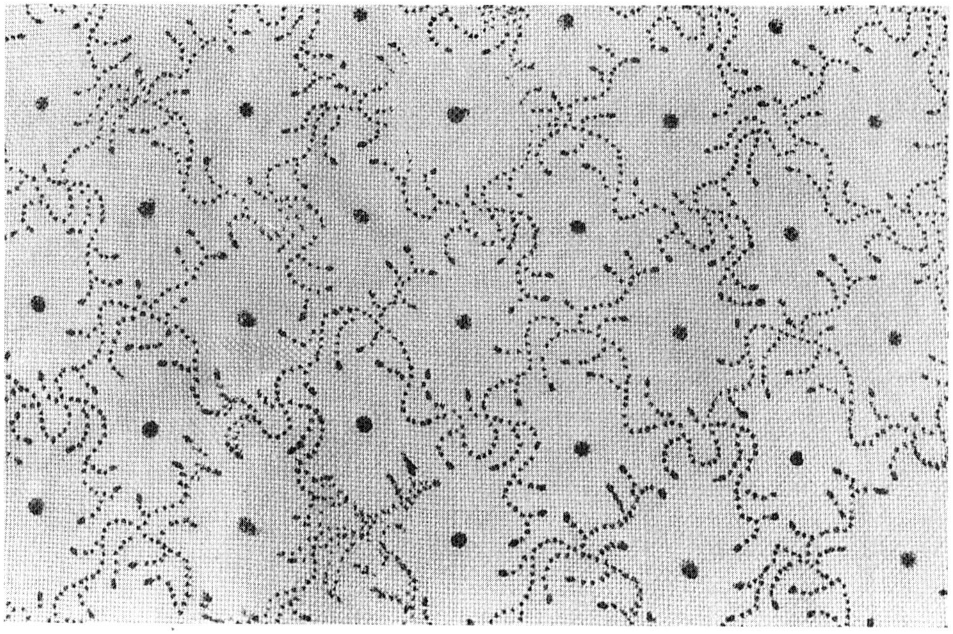

Abb. 120) Direktdruck. Muster: Blaudruckerin Elke Schlüter, Lüdinghausen

Vom Direktdruck

Zunächst wurde das Leinen gekocht und gemangelt, alsdann auf den Drucktisch gespannt und die ganze Fläche entsprechend der Größe der Druckfläche der Model aufgeteilt. Die Druckfarbe wird auf das sogenannte Chassis, vergleichbar einem überdimensionalen Stempelkissen, aufgestrichen und gleichmäßig mit dem Model abgenommen, auf den Stoff angesetzt und eingeschlagen. Auf der Darre muß der Stoff trocknen; es folgt sodann das Säubern und Vernähen. Die Indanthrenfarbe stellt sich allerdings noch gelb dar; um sie in das typische Blau zu verwandeln, wird der Stoff durch ein Fixier-Bad gezogen, mehrmals gespült, bei 100 Grad aufgekocht, um Rückstände zu beseitigen und ein späteres Einlaufen zu verhindern.

Vom Reservedruck

Länger als das Direktdruckverfahren dauert das Reservedruckverfahren. Mit Hilfe dieser Technik entstehen blaugrundige Textilien mit weißen Mustern.

Auf die aus vollem Holz oder aus Metallstiften zusammengesetzten Druckflächen der Model wurde eine besondere Masse, die farbabweisend war (Tonerde, Gummiarabicum, Kupfervitriol, salpetersaures Blei, Grünspan und Schmalz), aufgestrichen. So bedruckte der Drucker nun fortlaufend mit dem Model das ausgebreitete Leinen, welches anschließend auf ein Trokkenreck abgehängt wurde, um den Druckpapp austrocknen zu lassen. Danach war die Arbeit in der Druckerei beendet und zur weiteren Bearbeitung der Färberei weitergereicht.
Dort wurde der Stoff in eiserne "Sternreifen" eingehängt. In die "Küpen", die gemauerten Färbebottiche wurden die Sternreifen mit Hilfe eines Flaschenzuges einge-

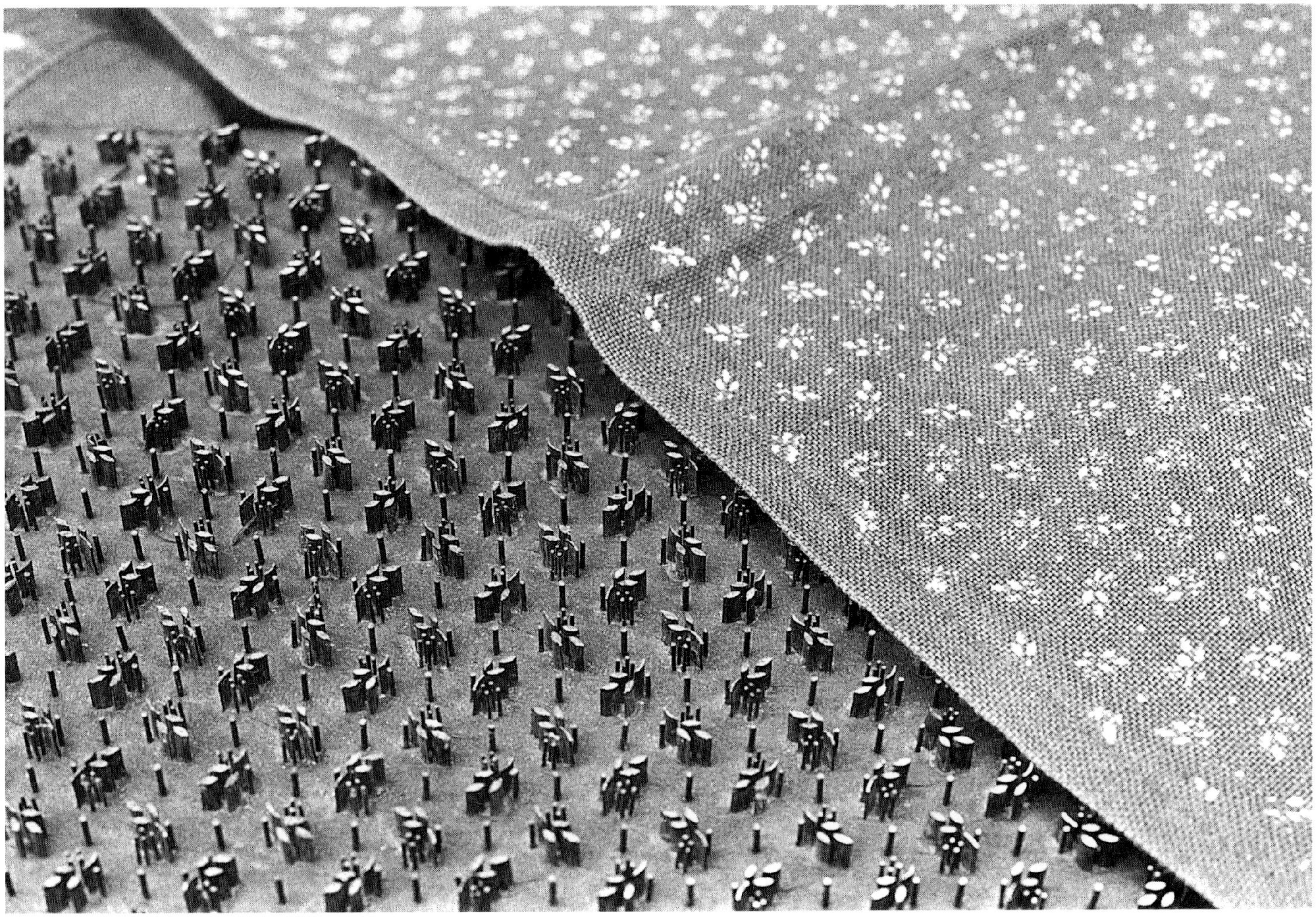

Abb. 121) Reservedruck. Model und fertiger Stoff, Blaudruckerin Elke Schlüter, Lüdinghausen

taucht. In diesen Bottichen war der vorher in einer Reibeschale, dem sogenannten Pingelpott, zermahlene Indigo als Farbstoff unter Zusatz von Kalk angesetzt. Das an den Sternreifen aufgehängte Leinen mußte mehrere Male aus der Küpe herausgezogen werden und erneut eingetaucht werden, bis das Leinen die richtige tiefblaue Färbung aufwies. Der Indigo, der in der Küpe eine gelbe Färbung zeigte, wurde erst dann tiefblau, wenn er dem Sauerstoff der Luft ausgesetzt wurde. Nach diesen Vorgängen wurde der farbabweisende Papp ausgewaschen, und nun erschien das gewünschte Muster weiß auf der dunkelblauen Leinwand. Kochen, Vernähen und Mangeln der Leinwand schlossen sich wiederum an.[40]

Abb 122) Blaudrucker Wilhelm Kentrup aus Nottuln in den 40er Jahren bei der Arbeit. In Nottuln bei Coesfeld ist die älteste Blaudruckerei Westfalens zuhause; seit drei Generationen betreibt die Familie Kentrup ein Handwerk mit Tradition und Geheimnissen.

Von den Färbern

Anders als die Leineweber standen die Färber bei der Bevölkerung meist in gutem Ansehen, übten sie doch durch ihr Handwerk eine Tätigkeit aus, die die Erzeugnisse des häuslichen Fleißes je nach Wunsch und Geschmack zu verschönern in der Lage waren. Dazu glaubte man auch, daß die Färber sehr kluge Leute waren. Noch heute gibt es das Sprichwort, wenn von einem gescheiten Menschen die Rede ist:

"Er ist klug wie ein Blaufärber."

Von Jemandem, der mehr konnte als andere, hieß es:

"Er kann hexen und blaufärben."

Die Menschen hatten wohl ein Gespür dafür, daß die Färber mit Geheimnissen befrachtet waren, wie da waren Rezepte, Aufzeichnungen über die Zusammensetzung der Farben usw.
Auch ist die Ermahnung einer Hausmutter überliefert, die ihr Gesinde beim Spinnen und Weben ermunterte, recht fleißig zu sein:

"Wenn wi nich spinnt un wiäwet,
möt wi us dat Gatt blaofiärwen laoten,
denn dann häwt niks antetriäken." [41]

Abb. 123) Der Färber bei der Arbeit

Der Beginn einer neuen Zeit

Die Erfindung der Maschine seit Anfang und Mitte des vorigen Jahrhunderts war von einschneidender Bedeutung auf allen Gebieten des menschlichen Lebens.

Als in diesen Jahren die Engländer Spinn- und Webmaschinen erfanden, brachen für die Leineweber schlimme Zeiten an.

Die harte Arbeit in feuchten Löchern brachte den Leinewebern nach wie vor die Tuberkulose, aber nicht mehr das Nötigste zum Leben. Sie arbeiteten Tag und Nacht und verhungerten dabei.

"Viele der Weber besaßen so ein geringes Einkommen, daß sie nicht einmal zur Gewerbesteuer veranlagt werden konnten. Sie mußten sich nicht nur gegen die verbreitete Textilherstellung verteidigen, sondern wie auch in Werne und Umgebung im Verlauf des 19. Jahrhunderts auch immer stärker gegen die Konkurrenz der mechanischen Weberei, die mit industriellen Methoden und Maschinen besser und billiger arbeiteten." [42]

In den zu Herzen gehenden Bitten eines schlesischen Weberkindes, dem die Großmutter erzählt hatte von dem wild-graubärtigen Berggeist des Riesengebirges, wie er in Gutmütigkeit und Freigebigkeit den schuldlos Armen und Bedrängten hilft, spricht hier die Ballade von Ferdinand Freiligrath 1844 aus der großen Notzeit des niedergehenden Handwebertums. [43]

Aus dem schlesischen Gebirge

Ballade von Ferdinand Freiligrath

Nun werden grün die Brombeerhecken;
Hier schon ein Veilchen welch ein Fest
Die Amsel sucht sich dürre Stecken,
Und auch der Buchfink baut sein Nest.
Der Schnee ist überall gewichen;
Die Koppe nur sieht weiß ins Tal.
Ich habe mich von Haus geschlichen;
Hier ist der Ort - ich wag's einmal:
"Rübezahl!"

Hört er's? Ich seh ihm dreist entgegen.
Er ist nicht bös. Auf diesen Block
Will ich mein Leinwandpäckchen legen,
Es ist ein richt'ges, volles Schock -
Und fein! Ja, dafür kann ich stehen!
Kein beß'res wird gewebt im Tal -
Er läßt sich immer noch nicht sehen!
Drum frischen Mutes noch einmal:
"Rübezahl!"

Kein Laut! - Ich bin ins Holz gegangen,
Daß er uns hilft in unsrer Not.
O, meiner Mutter blasse Wangen -
Im ganzen Haus kein Stückchen Brot!
Der Vater schritt zum Markt mit Fluchen,
Fänd' er auch Käufer nur einmal!
Ich will's mit Rübezahl versuchen -
Wo bleibt er nur? Zum drittenmal:
"Rübezahl!"

Er half so vielen schon vorzeiten;
Großmutter hat mir's oft erzählt.
Ja, er ist gut den armen Leuten,
Die unverschuldet Elend quält.
So bin ich froh denn hergelaufen
Mit meiner richt'gen Ellenzahl;
Ich will nicht betteln, will verkaufen,
O, daß er käme! "Rübezahl!"
"Rübezahl!"

Wenn dieses Päckchen ihm gefiele,
Vielleicht gar bät' er mehr sich aus.
Das wär' mir recht! Ach, gar zu viele
Gleich schöne liegen noch zu Haus;
Die nähm' er alle bis zum letzten.
Ach, fiel auf dies doch seine Wahl,
Da löst' ich ein selbst die versetzten
Das wär' ein Jubel! "Rübezahl!"
"Rübezahl!"

Dann trät' ich froh ins kleine Zimmer
Und riefe: "Vater, Geld genug!"
Dann flucht' er nicht, dann sagt' er
nimmer:
"Ich web' euch nur ein Hungertuch!"
Dann lächelte die Mutter wieder
Und tischt' uns auf ein reichlich Mahl.
Dann jauchzten meine kleinen Brüder.
O, käm', o, käm' er!
"Rübezahl"
"Rübezahl!"

So rief der dreizehnjähr'ge Knabe;
So stand und rief er, matt und bleich.
Umsonst! Nur dann und wann ein Rabe
Flog durch des Gnomen altes Reich.
So stand und paßt' er Stund' auf Stund,
Bis daß es dunkel ward im Tal. Und er
halblaut mit zuckendem Munde
Ausrief durch Tränen noch einmal:
"Rübezahl!"

Dann ließ er still das buschige Fleckchen
Und zitterte und sagte: Hu!
Und schritt mit seinem Leinwandpäckchen
Dem Jammer seiner Heimat zu.
Oft ruht' er aus auf moos'gen Steinen
Matt von der Bürde, die er trug,
Ich glaub', sein Vater webt dem Kleinen
Zum Hunger- bald das Leichentuch!
"Rübezahl!"

Abb. 124)Auf dem Platz neben der Nicolaikirche in Bielefeld steht ein Leineweber-Denkmal. Es erinnert an die Zeit der Handweberei. [44]

Viele Spinner und Weber wurden arbeitslos. Kluge Männer führten in dieser Notzeit die Maschinenspinnerei und Maschinenweberei an vielen Orten, so auch in der Ravensberger Mulde, ein. Damals entstanden in Bielefeld die "Spinnerei Vorwärts" und die "Ravensberger Spinnerei".
Viele arbeitslose Spinnerinnen suchten sich andere Arbeit. Sie nähten aus dem Leinen Wäsche für Männer und Frauen. So entwickelte sich allmählich die Wäscheindustrie in Bielefeld und seinen Nachbarorten. Bielefelder Leinen und Wäsche wurden bald in ganz Deutschland berühmt. Anfangs wurde die Wäsche mit der Hand genäht. Das ging sehr langsam. Da wurde die Nähmaschine erfunden.

Auf der Nähmaschine wurde nicht nur Leinen verarbeitet sondern auch Stoffe aus Baumwolle und Seide. Die ersten Nähmaschinen holte man aus Berlin. Bald wurden die Nähmaschinen in Bielefeld selbst hergestellt. So entstand die Bielefelder Maschinenindustrie. So haben sich aus der Flachsspinnerei die Leinen-Industrie und die Maschinen-Industrie entwickelt. Daran sollen auch die Steinbilder der Spinnerin und des Metallarbeiters erinnern, die das Rathaus in Bielefeld schmücken.

Für Spinnrocken und Webstuhl war die Zeit endgültig dahin. Hier und da setzten alte Spinner und Weber bis an ihr Lebensende, die ihnen so lieb gewordene Berufstätigkeit fort. Dann geriet diese Handwerkskunst, die Jahrhunderte hindurch geblüht hatte, in Vergessenheit. Aber unvergessen blieb der Wert der überlebten Handarbeit.

Und unvergessen blieb auch der alte selbstbewußte Spruch aus dem Tecklenburger Lande:
"Sülwest häww wi et sägget (gesät)
Sülwest häwwe wi et went (gejätet)
Wi häwwet et luket (den Flachs aus der Erde gezogen)
Wi häwwet et bueket (in der Mühle stampfen lassen)
Wi häwwet et braket.
Wi häwwet et hiekelt (gehechelt)
Wi häwwet et spunnen
Wi häwwet et haspelt
Wi häwwet et bleeket
Up de Wisk in den Sünnen.
Tolest häwwe wi et würket (gewebt)
To Hus up'm Stelle. (Webstuhl)
Un dor is nu de Welle." (Rolle) [45]

Mit der neuen Zeit änderten sich auch die Gewohnheiten. Die Spinnstube wurde zur "Leutestube". Das Spinnrad durfte bisweilen mit einer Flachspuppe aus gehecheltem Flachs und mit einer bunten Schleife versehen, als Schmuckstück in der guten Stube seinen Platz behalten. Der Rückgang der Hausweberei und die Veränderung der Mode hatten seit dem Beginn unseres Jahrhunderts auch das Aussterben der Blaufärberei zur Folge.

Doch was ist nun aus den ungefügten Webstühlen und den Spinnrädern, die in mehreren Bauarten, stehend oder liegend ausgebildet waren, und denen die Spinnerinnen treu blieben, bis sie diese Beschäftigung ganz aufgaben, geworden? Wo sind die kostbaren Geräte verblieben, die man in alten Zeiten in den Häusern der Armen wie der Reichen antraf?

Nicht selten wurden die einst so teuren Gerätschaften zerstückelt, verbrannt oder gar zerbrochen und als wertloses Gut auf den Müllkippen abgeladen. Auch auf Hausböden und Speichern, in Museen, beim Altwaren- und Antiquitätenhändler haben die einst so unentbehrlichen und wertvollen Hausgeräte vielfach ihre Bleibe gefunden. Dort träumen sie von vergangenen Zeiten, in denen sie noch im Mittelpunkt des ländlichen Lebens standen.

Was würden sie uns nicht alles erzählen in unseren Tagen, wenn sie reden könnten?

"Erinnerung grüßt durch Sturm und Wetter, und zitternd schreibt der Sonnenstrahl ins blanke Laub der welken Blätter:

"Es war einmal" [46]

Abb. 125) Spinnrad in Rehform, Soest, 19. Jahrh.

Abb. 126) Lüner Spinnerinnen bei der Arbeit

AUSBLICK

"Es war einmal?"

Wo wäd denn van Dage noch spunnen? In Lünen!
Seit zehn Jahren lernen interessierte Männer und Frauen die Kunst des Handspinnens von Wolle und Flachs in den Kursen der Volkshochschule. Es ist nicht die Not, sondern die Freude an diesem wertvollen Tun, die Jung und Alt an diesen besinnlichen Stunden teilnehmen läßt. Zu keiner Zeit hat die Begeisterung für das Erlernen des alten Handwerks in den vergangenen Jahren nachgelassen. Und die - der Urgroßmütter - Spinnstube lebt auch noch. Seit Jahren schon treffen sich in den Wintermonaten die Lüner Spinnerinnen in gemütlicher Atmosphäre zu froher Arbeit, bei lustigem Räderschnurren und Gesang, Erlebtes, Gehörtes, Gesehenes in Hoch- und Plattdeutsch einander mitzuteilen. Wohl bis ins 19. Jahrhundert hinein, war die Arbeit am Spinnrad und Webstuhl auch hier in Lünen von großer Bedeutung. In unserem Städtchen wohnten fleißige Spinner und Weber, Männer, Frauen und Kinder, die sich rastlos bei der Arbeit tummelten. Wir wissen uns in guter Tradition. Wir sind anhänglich an das, was unseren Voreltern lieb und teuer gewesen ist und sorgen dafür, daß es in gutem Stande bleibt, getreu dem alten Bauernspruch:

"Laßt uns an dem Alten,
so es gut ist, halten.
Aber auf dem alten Grund,
Neues schaffen jede Stund."

Literaturverzeichnis zu "Es blüh und wachs. . ."

1. Westfälischer Bauernkalender 1936. Münster. 1936
2. Hessisches Volksschullesebuch Teil 3, Cassel 1925
3. Andersen Märchen "Der Flachs". Charlottenburg 1909
4. Plattdeutsche Sprichwörter und Redensarten zwischen Ruhr und Lippe von J. Raub. Münster, 1981
5. "Vom Leinsamen zum Leinenhemd." Alte Erinnerungen und Erfahrungen von Edeltraut Janzweert. Haiger 4,
6. Westfälischer Heimatkalender 1951. Österliches vom Hellweg aus Großvaters Kindertagen, von A.H. Besken
7. Stijn Streuvels "Der Flachsacker". Manesse Bibliothek der Weltliteratur.
8. Chronik der märkischen Stadt Lünen. Georg Spormecker, neubearbeitet und übersetzt von H. Wember 1962, Lünen
9. De Kiepenkerl 1909 .Essen 1909
10. Armors Pflanzenkunde, Friedrich Jantzen, Stuttgart, 19
11. Der Ratgeber für das praktische Leben. Eine Quelle des Wohlstandes für Jedermann, von Dr. William Löbe. Verlagsdruckerei Merkur GmbH, Berlin 50. o.J.
12. Die rote Erde. Wilhelm Uhlmann, Bixterheide. Das Volkslied in Westfalen von Wilhelm Lehnhoff. Verlag von Friedrich Brandstetter in Leipzig. o.J.
13. Das Flachsernten. Tanzlied aus Schweden. Aus Gertrud Belzner: "Für Dorfabend und Fest."
14. Das Bauernjahr von Heinrich Luhmann. Westfalenbücher 1941. Verlag der Universitätsbuchhandlung Franz Coppenrath Münster.
15. Poesiealbum von 1820. Privatbesitz
16. Wulle un Leinen uppen Dörpe, zusammengestellt von Arnulf Grimm und Wolfgang Schäfer, Wahlsburg 1984
17. Ausführungen, Aufzeichnungen von Gertrud Strunk-Schürmann, Lüdinghausen, etwa. 1930 Privataufzeichnung
18. Gescher, Gerd, Aus Vredens Vergangenheit. Vreden, 1926.
19. Bremer, Diedrich Hermann, Chronik der Stadt Lünen seit ihrer ersten Gründung. Neu herausgegeben von H. Gerdsmann. Lünen 1920.
20. Lappe, Josef Feuerlöschwesen der Stadt Lünen in geschichtlicher Entwicklung, Josef Lappe, Lünen, 1925p - 1925. Seite 13; 29;
21. Dreyer, Marie Dat Flass sitter dat ganze Johr tüsken. Haldem Stemwede, o.J. Privataufzeichnung
22. Siegeroth, A. Die Geschichte der Gemeinde Altlünen,
23. Altweibersommer aus "Wie's Wetter wird." Deutsche Hoffmann - La Roche Grenzach/Baden
24. Wember, H. "All min Gedanken", Lünen,
25. "Rettet unser Platt." nach Karl Wagenfeld
26. Heimatkalender für den Kreis Coesfeld 1927.
27. Heimatkalender des Kreises Coesfeld. 1. Jahrgang 1925. Haltern, 1925
28. Festzeitung zu einer Hochzeitsfeier 1908 "Westfaolenlied"
29. Der Text des Liedes findet sich bereits in "Des Knaben Wunderhorn" (1808). Aus dem Bergischen (1836)
30. De Kiepenkerl 1913 von Aug. Wibbelt. Verlag von Fredebeul & Koenen, Essen
31. Westfälischer Heimatkalender 1951.
32. Durch das Kommersbuch des Vereins deutscher Studenten (in Berlin) verbreitet um 1890
33. Vom Volksbrauch im Winter. Deutsche Hoffmann - La Roche. Grenzach/Baden
34. Der Holderstrauch. Alte deutsche Volklieder,
35. So waren die Bräuche im Dezember von A. Reiß, Lünen, Ruhrnachrichten
36. Lünen Bilder und Geschichten, Peter Löffler
37. Der Hausfreund. Kalender für das Jahr 1964. Verlag des Kasseler Sonntagsblattes Thiele und Schwarz, Kassel-Wilhelmshöhe
38. Es war einmal. Märchenhaftes der Brüder Grimm 1985. W.W. Erkelenz,
39. Volkskundliche Plaudereien von Phillipp Schmidt. Verlag der Buchgemeinde Bonn.
40. "Wie's Wetter wird" Nr. 4, Deutsche Hoffmann - La Roche,
41. Der Hausfreund 1970. So machten sie reinen Tisch, von Heinrich Ruppel. Im Verlag des Kasseler Sonntagsblattes, Kassel- Wilhelmshöhe Seite 104
42. Damals auf dem Lande. In der Spinnstube war Arbeit ein Vergnügen, von Hermine von Hagen
43. Eine Spinnstubengeschichte "De Düwel kümp" von Aug. Wibbelt. Aus "Kleinkraom"
44. Hallers Sprachstudio 9/10.5.1987 "Die Spinne"
45. Die alten Gilden der Stadt Lünen. Ein Beitrag zur Geschichte des westfälischen Gewerbes von Franz Nigge 1912.
46. De Kiepenkerl 1911. Ein plattdeutscher Mäßigkeitsapostel zu Joh. Math. Selings
50. Todestage von Fr. Wippermann Seite 39
47. De Kiepenkerl 1909. Wilhelm Dallmeyer aus "Plattdeutsche Dichtungen", Verlag von Weinders und Elstermann, Osnabrück
48. Goertz,Hartmann Wie tut mir mein Herze bluten, Lieder aus der Küche, München 1965
49. Westfälischer Bauernkalender 1956. Landwirtschaftsverlag GmbH, Hiltrup
50. Westfälischer Heimatkalender 1960.
51. Westfälischer Heimatkalender 1964.
52. Münsterländer Heimatkalender 1940.
53. Aus Altwestfalen. Volkskundliche kulturgeschichtliche Beiträge. Verlag von Otto Lenz, Leipzig 1908
54. Vom Volksbrauch im Frühling 3. Deutsche Hoffmann - La Roche

Literaturverzeichnis zu "Spinnen und Weben. . ."

1. Leineweben - ältestes Kulturschaffen. Broschüre Strunkmann & Meister, Bielefeld
2. Volkskundliche Plaudereien von Ph. Schmidt. Verlag der Buchgemeinde Bonn,
3. Altes Testament
4. Die Leinenindustrie im Tecklenburger Lande, von Friedr. Ernst Hunsche. Heimatkalender Münsterland 1949.
5. Von den Leinewebern. Spruch: De Kiepenkerl 1911
6. Kaum Hundert Jahre ist es her. Handwerk und Leben in einer kleinen Stadt, von Philippe Fix
7. De Wiäwestohl. Westfälischer Heimatkalender 1939,
8. Von den Gilden. Der Kreis Coesfeld 1949. Hans Hüer, Gescher 9. De Kiepenkerl 1915.
10. Bilder aus Lünens vergangenen Tagen 1914, von Franz Nigge
Brill, Josef Spezialgeschichte der Stadt Wiedenbrück, Wiedenbrück, 1976
11. Der Märker, Heft 5, 1958. Dipl. Komm. Heischeid
12. Alte Maßeinheiten. Bernhard Ohlmeier, Westfälischer Heimatkalender 1960
13. Die Legge. Münsterländer Heimatkalender 1940, von Friedrich Saatkamp
14. Flachsverarbeitung im Amt Rhaden vor 1920, von Gerda Schmitz. Landschaftsv.Westf. Lippe,
15. Überliefert von Ursula Domke-Rudolph, Freckenhorst
16. Von Leinwandhändlern. Bargunsch und Humpisch, die Geheimsprache der westf. Tiötte. Eine Untersuchung v. Josef Veldtrup. Verlag Aschendorff, Mstr. 1981
17. Wald und Berg. Upland. Der Hausfreund 1969. Im Verlag des Kasseler Sonntagsblattes
18. Spruch: Aufzeichnungen und Ausführungen von Gertrud Schürmann-Strunk, Lüdinghausen
19. Vom Weben im Hause. Münsterländer Heimatkalender 1940. Friedrich Saatkamp Seite 117
20. Deele und Kuhstall des Haupthauses auf dem Osnabrücker Hof, Detmold
21. Bauernleinen. Heimatkalender 1954 v. Jos. Hövelmann,
22. Vom Aufbewahren. Der Ratgeber. Verlagsdruckerei Merkur, Berlin
23. Das Buch der Wäsche, Verlag der deutschen Mode-Zeitung, Edition "libri rari" Th. Schäfer, Hannover

24.Großmutters Wäscheschatz. Buchkalender Erzgebirge Saazerland 1987
25. Minnegaben. Der deutsche Bauernstand im Wandel der Jahrtausende, v. Wilh. Hansen. Druck v. Gerh. Stalling Oldenburg i.O./Berlin
26. Das Herz als Motiv in der Volkskunst v. B. Deneke, Sandoz AG, Nürnberg
27. Vom Erbteil der Frauen. Volkskundliche Plaudereien
28. Mitgift. Westf. Heimatkalender 1956
29. Hochzeit in Westfalen, von Karl Prümer. Geschichten und Gestalten, Leipzig, Otto Lenz
30. Hochzeit andernorts. Volksbrauch im Sommer. Deutsche Hoffmann - La Roche
31. Die Vielfalt der Leinwand. Der Ratgeber, v. William Löbe
32. Verbot der Appretur der Leinwand. Aus Altwestfalen. Volkskundl. und kulturgeschichtliche Beiträge v. Karl Prümer, Verlag Otto Lenz
33. Von der Reinigung der Wäsche und Leinwand mit Buchenholzasche, von Ernst Langenbach, Lünen
34. Vom Spülen der Leinwand. Rheinisch westf. Zeitschrift für Volkskunde 17. Jahrgang 1970,
35. Die alte Waschfrau. Dtsch. Dichterhain. Eine Auslese deutscher Gedichte für Schule und Haus, v. Dr. P. Prinz Habelschwert 1901, Druck und Verlag v. Frankes. Buchhandlung J. Wolf
36. Vom Bleichen der Leinwand. Der Ratgeber
37. Von Flaß, Linnen und Leev. Tageszeitung Stemwede-Haldem. Us Plattdütsche Eck, von Friedrich Hasselmann
38. Vom Mangeln der Leinwand und Wäsche. Kleine Beiträge.
39. Die alte Kaltmangel im Werner Museum, v. Heidelore Fertig- Möller
40. Vom Färben der Leinwand. Das Leinengewerbe, Eduard Schoneweg.
41. Vom Blaudruck a) Direktdruckverfahren - b) Reservedruckverfahren. Blaudrukkerin Elke Schlüter, Lüdinghausen.
42. Von den Färbern. Das Leinengewerbe. Eduard Schoneweg
43. Eine neue Zeit begann. "Zitat" Heidelore Fertig-Möller. "Unsere Zeitung" Krs. Unna,
44. Aus dem schlesischen Gebirge. Westf. Heimatkalender 1960,
45. Heimatkunde - Sacharbeitsbogen. Herausgegeb. v. H. Arens, Verlag Lambert Lensing, Dortmund
46. Westfälischer Heimatkalender 1949. Friedrich Ernst Hunsche "Der alte selbstbewußte Spruch",
47. "Es war einmal" Aufzeichnungen und Ausführungen von Gertrud Strunk-Schürmann, Lüdinghausen,

Bildnachweis

Archiv für westf. Volkskunde, Münster 10, 51, 64, 110, 111, 115, 123, 124, 125
Baumann, A., Bielefeld 7, 15, 18, 19, 21, 26, 61, 62, 113, 114
Beckmann, Irmgard, Warendorf 34, 107
Bildpostkarten unbk. Herkunft 48, 49, 109
Bildsuchaktion der Volksbanken und Spar- u. Darlehnskassen im Raum Minden-Ravensberg 12, 23, 24, 60, 80
Deininger, J. F., Kupferstich, München 1890, 85
Domke, Rudolph, Freckenhorst 77
Dreyer, Marie, Haldem 3, 25, 71
Elling, Wilhelm, Vreden 16
Hansen, Wilh., Das dt. Bauertum 95
Hasemann, W. 44
Jonge, Sjonkje de, - De drie spinnsters, Drukkerij Monthaan, Rotterdam 36, 37, 38, 39, 40
Kalenderbuch für Romantiker, Esslingen 1838, 29, 108
Kentrup, Gertrud, Nottuln 41, 122
Kgl. Dän. Ministerium d. Äusseren 31, 112
Kgl. Museum für Schöne Künste, Antwerpen 35
Kramer, Ludwig von, München 1885, 69, 70
Kulturfilminstitut K. Lindemann 22
Landesmuseum, Münster 75
Lehmann, Siegfried, Berlin 104
Meyer-Gasters, Steinau 6
Pflug, Joh. Baptist 43
Staatl. Museum f. dt. Volkskunde, Berlin 96, 97
Stadtmuseum, Werne 47, 81, 117
Strunkmann + Meister, Bielefeld 68
Thomae GmbH, Dr. Karl, Biberach 98
Unbekannter Herkunft 9, 20, 28, 30, 32, 33, 42, 50, 55, 59, 65, 103
Wagner, Hans, Vlotho 8
Weller, Oskar, Betzdorf/Sieg 13

Alle übrigen Abbildungen stammen aus Privatbesitz.

Die Reproduktionen wurden vom Fotografen Günter Goldstein, Lünen, hergestellt.

Inhalt

I. Es blüh und wachs' am Kamp der Flachs

II. Spinnen und Weben- Das war ihr Leben